[図2-1] なぐり描き用のキャンバス

[図2-4（図D-2）] 自己進化的描画（光の粒子）

[図5-2] 1985年　KING OF OBJECT

[図5-3] 1989年　鷲は舞い降りた

［図5-5］Luminous Flux05

［図A-3］

［図B-5］

［図C-5］

［図C-6］

［図F-1］

［図F-3］

［図H-3］

箱庭療法学モノグラフ
第8巻

臨床心理学で読み解く芸術家の創作

ロールシャッハ法と
「なぐり描き(Mess Painting)」法を通して

伊藤俊樹

Exploration of the Creativity of Artists
from Viewpoint of Clinical Psychology:
Through the Rorschach Method and Mess Painting Method

Toshiki ITO

創元社

刊行によせて

　箱庭療法（Sandplay Therapy）は、スイスの心理療法家カルフ氏によって創案され、河合隼雄（本学会創設者）により1965年に日本に導入された。その非言語的な性質や適用範囲の広さ、そして日本で古くから親しまれてきた箱庭との親近性などから、心理療法の一技法として、以降広く国内でも発展を遂げてきたことは周知のことであろう。現在でも、心理相談、司法臨床、精神科・小児科等の医療、さらに学校・教育など、さまざまな領域での心理臨床活動において、広く施行されている。

　一般社団法人日本箱庭療法学会は、我が国唯一の箱庭療法学に関する学術団体として1987年7月に設立された。以来、箱庭療法学の基本的課題や原理に関して、面接事例およびその理論的考察などの発表を通して、会員の臨床活動および研究活動の相互発展を支援することを目的に活動を行ってきた。

　そして、本会学会誌『箱庭療法学研究』では、創刊10周年を機に、夢・描画などの、箱庭療法と共通するイメージへの深い関与が認められる研究も取り上げることとなった。今後ますます社会的な要請に応えていかなければならない心理臨床活動において、「イメージ」を根底から見据えていく研究は必須でありまた急務である。こうして本学会は、箱庭療法研究推進の中核的役割を担うとともに、広く心理療法の「イメージ」に関する研究推進を目指し、会員の研究、研修や活動支援を行う学術団体へと発展しつつある。

　このような経緯のなか、このたび、「木村晴子記念基金」から予算を拠出し『箱庭療法学モノグラフ』シリーズを刊行する運びと

なった。本シリーズは、箱庭をはじめとする、心理臨床における「イメージ」に関わる優れた研究を、世に問おうとするものである。

故・木村晴子氏は、長年にわたり箱庭療法の実践と研究に取り組まれ、本学会においても理事や編集委員として大きな貢献をされてきたが、まことに残念なことながら、本会理事在任中の2010年にご逝去された。その後、箱庭療法を通じた深いご縁により、本学会が氏の特別縁故者として受けた財産分与金によって設立されたのが「木村晴子記念基金」である。

氏は、生前より若手研究者の研究促進を真に願っておられた。本シリーズの刊行は、そうした氏の生前の願いを受ける形で企画されている。本シリーズが、箱庭療法学ならびに「イメージ」に関わる心理臨床研究の発展に寄与することを願ってやまない。

2014年10月
一般社団法人　日本箱庭療法学会

木村晴子記念基金について

　故・木村晴子氏は、長年にわたり箱庭療法の実践・研究に力を尽くされ、主著『箱庭療法──基礎的研究と実践』(1985, 創元社) をはじめとする多くの業績を通し、箱庭療法の発展に大きな貢献をされました。また、氏は本学会の設立当初より会員 (世話人) として活動され、その後も理事および編集委員として本学会の発展に多大な貢献をされました。2008年には、本学会への貢献、並びに箱庭療法学発展への功績を評され、学会賞を受賞されています。

　木村晴子記念基金は、上記のように箱庭療法に取り組まれ、本学会とも深い縁をもつ氏の特別縁故者として本学会が受けた財産分与金によって、2013年に設立されました。『箱庭療法学モノグラフ』シリーズと題した、博士論文に相当する学術論文の出版助成や、本会学会誌『箱庭療法学研究』に掲載される外国語論文の校閲費等として、箱庭療法学の発展を支援するために使途されています。

　なお、詳細につきましては、本学会ウェブサイト内「木村晴子記念基金」のページ (URL：http://www.sandplay.jp/memorial_fund.html) をご覧ください。

一般社団法人　日本箱庭療法学会

v

目　次

刊行によせて　i

木村晴子記念基金について　iii

緒　言　3

本書の構成　4

第I部　本研究の問題、目的

第1章　問題I ………………………………………………………………… 7

1. 「自我のための退行」という概念について　7

2. Jung, C. G.の創造的退行の概念　12

3. 「自我のための退行」の測定について　14

　3-1. ロールシャッハ法を用いた「自我のための退行」の測定について　15

　3-2. ロールシャッハ法を用いた芸術家（美大生）の「自我のための退行」の研究　22

4. 本研究の目的I　26

第2章　問題II ……………………………………………………………… 28

1. 「自我のための退行」を促進する技法とは　28

2. なぐり描き（Mess Painting）法とは　28

3. 描画の方法　30

4. 「自我のための退行」と「なぐり描き（Mess Painting）」法　31

5. 「なぐり描き（Mess Painting）」法の特徴について　33

6. 「なぐり描き（Mess Painting）」法の従来の研究　33

7. 本研究の目的II　34

vi

第II部　ロールシャッハ法を用いた研究

第3章　美術専攻大学院生の
「自我のための退行」について ⋯⋯⋯⋯⋯⋯⋯37

1. 目的　37

2. 方法　37

　2-1. 被検者　37

　2-2. 使用するもの　38

　2-3. 手続き　38

　2-4. データの整理方法　38

3. 結果　41

　3-1. A・S群、G・S群における内容面・形式面のlevel1総反応数　41

　3-2. 両群におけるRISRの比較　41

　3-3. 両群における内容面・形式面のlevel1反応の形態水準　41

　3-4. 両群における内容面・形式面のlevel1反応のサブカテゴリーの比較　41

　3-5. 両群におけるlevel1反応に加えられたコントロールと防衛の比較　41

4. 考察　44

　4-1. 両群における内容面・形式面のlevel1の総反応数および形態水準の比較　44

　4-2. 両群におけるRISRの比較　44

　4-3. 両群の内容面のlevel1反応のサブカテゴリーについての分析　45

　4-4. 両群の形式面のlevel1反応のサブカテゴリーについての分析　46

　4-5. 両群におけるlevel1反応に加えられたコントロールと防衛の分析　51

5. まとめ　53

第4章　抽象画家の「自我のための退行」の
有り様について ⋯⋯⋯⋯⋯⋯⋯⋯⋯⋯⋯⋯55

1. 問題　55

2. 目的・仮説　56

3. 方法　57

　3-1. 被検者　57

目次　vii

　　3-2.　使用するもの　57

　　3-3.　手続き　57

　　3-4.　データの整理方法　58

　4.　結果　60

　　4-1.　level1 の差の結果　60

　　4-2.　インタビューの結果　60

　5.　考察　62

　　5-1.　内容面の level1 で差がなかったことに関して　62

　　5-2.　形式面の level1 反応の総反応数に関する考察　62

　　5-3.　質的な差に関する考察　63

　　5-4.　量的な差に関する考察　69

　6.　まとめ　74

第5章　芸術家 中西學氏の作品の変容と 心理的変容との関連について　75

「自我のための退行」という観点からみた20年の間隔をおいた個展・
ロールシャッハ法の比較より

　1.　目的　75

　2.　方法　75

　　2-1.　対象者　75

　　2-2.　手続き、実施時期、インタビュー内容　76

　　2-3.　分析方法　76

　3.　結果　77

　　3-1.　デビューから、個展「鷲は舞い降りた」、個展「コロナからの雨」に至る 20年間の作品の変遷について　77

　　3-2.　両年のロールシャッハ法の比較　82

　4.　考察　83

　　4-1.　1989年のロールシャッハ法の結果に関する考察　83

　　4-2.　2009年のロールシャッハ法の結果に関する考察　85

　　4-3.　両年の変化に関する中西氏へのインタビューおよび考察　90

　　4-4.　2つの個展の比較　94

　　4-5.　全体のまとめ　97

第III部 「なぐり描き(Mess Painting)」法を用いた研究

第6章 「なぐり描き(Mess Painting)」法の
4つの事例研究 101

1. 目的 101
2. 事例研究：かなり深い退行を見せた一般群・A 101
 2-1. 事例A 101
 2-2. 面接経過および自己進化的描画 102
 2-3. Aの退行のプロセスに関する考察 107
3. 事例研究：類似したテーマに取り組んだ一般群・B、C 109
 3-1. 事例B 109
 3-2. 事例C 114
 3-3. B、Cの退行のプロセスに関する考察 125
4. 事例研究：一般群D 128
 4-1. 事例D 128
 4-2. 面接経過および自己進化的描画 128
 4-3. Dの6週間を振り返って 131
 4-4. Dの退行のプロセスに関する考察 132

第7章 「なぐり描き(Mess Painting)」法の退行促進作用が
ポジティブに作用しなかった事例 136

1. 目的 136
2. 事例E 136
 2-1. E 136
 2-2. 面接経過および自己進化的描画 136
 2-3. Eの退行のプロセスに関する考察 141
3. MP法が持つ問題点について 144

目　次　　ix

第8章　「なぐり描き (Mess Painting)」法の
3つの事例研究 (美術専攻大学院生)⸺⸺146

1. 目的　146

2. 事例F　146

　2-1.　F　146

　2-2.　面接経過および自己進化的描画　147

　2-3.　MP法がF、創作に与えた影響　151

　2-4.　Fの退行プロセスに関する考察　152

3. 事例G　155

　3-1.　G　155

　3-2.　面接経過および自己進化的描画　156

　3-3.　MP法がG、創作に与えた影響　158

　3-4.　Gの退行プロセスに関する考察　159

4. 事例H　161

　4-1.　H　161

　4-2.　面接経過および自己進化的描画　161

　4-3.　MP法がH、創作に与えた影響　164

　4-4.　Hの退行プロセスに関する考察　164

5. 一般青年期男女と比較して　167

6. 美術専攻大学院生3名のロールシャッハ法の
　前後の変化に関する研究　168

　6-1.　本研究の目的　168

　6-2.　方法　169

　6-3.　事例F　169

　6-4.　事例G　173

　6-5.　事例H　177

　6-6.　まとめ　178

第IV部　総合考察

第9章　第II部・第III部の総合考察 ……………………………185

1. 第II部の総合考察　185

2. 第III部の総合考察　187

　2-1. MP法のRISE促進作用について　187

　2-2. ロールシャッハ法からみたMP法のRISE促進作用について　188

　2-3. 面接からみたMP法のRISE促進作用について　190

　2-4. 美術専攻大学院生のRISEについて　193

　2-5. 人為的な退行と自発的な退行について　194

　2-6. MP法の臨床実践への適用・貢献および限界について　194

結　言　196

引用文献　197

人名索引　207

事項索引　208

初出一覧　211

謝　辞　212

臨床心理学で読み解く芸術家の創作
ロールシャッハ法と「なぐり描き（Mess Painting）」法を通して

緒　言

　ドイツの詩人、Rilke, R. M. は、その著書『若き詩人への手紙』(Rilke, 1929/1955) の中で詩人志望の若い芸術家に向けて次のように書き送っている。「自らの内におはいりなさい。あなたが書かずにいられない根拠を深く探って下さい。…もしもあなたが書くことを止められたら、死ななければならないかどうか、自分自身に告白して下さい。…私は書かなければならないかと。…そしてもしこの答えが肯定的であるならば、もしあなたが力強い単純な一語、『私は書かなければならぬ』をもって、あの真剣な問いに答えることができるならば、そのときあなたの生涯をこの必然に従って打ち立てて下さい。あなたの生涯は、どんなに無関係に見える寸秒に至るまで、すべてこの衝迫の表徴となり証明とならなければなりません」(Rilke, 1929/1955)。

　Rilke, R. M. のこの言葉は、そのまま Rilke, R. M. 自身と詩作との関係を物語ってもいる。詩を書かないことが、死を意味するほどに、強く詩人を駆り立てる力に、我々は戦慄を覚えると同時に、深く魅きつけられもするのである。芸術家をこのように創作に駆り立てる力は一体何なのだろうか。その素朴な疑問が本書の出発点であった。そして、芸術家を創作へと駆り立てる精神力動を解明する、1つの鍵となるのが Kris, E. の唱えた「自我による自我のための退行 (regression in the service of the ego)」(Kris, 1952/1976) という概念である。本研究では、この「自我のための退行」を拠り所とし、そして、Jung, C. G. の言う「退行」と「進展」の考え (創造的退行) の概念 (Jung, 1928a) も援用しながら、芸術家の創作の秘密に近づき、さらには、非芸術家による描画における「自我のための退行」の意味についても明らかにしていきたい。

本書の構成

　本書は、全9章で4部構成になっている。まず、第Ⅰ部第1章、第2章でロールシャッハ法および「なぐり描き (Mess Painting)」法を通してみた「自我のための退行」に関する本研究の問題、目的を明らかにする。そして、第Ⅱ部第3章から第5章まではロールシャッハ法を用いた芸術家（美術専攻大学院生）を対象とした「自我のための退行」に関する心理臨床学的研究である。

　第Ⅲ部第6章から第8章までは、Luthe, W. が開発した「なぐり描き (Mess Painting)」法 (Luthe, 1976/1981) を一般青年、美術専攻大学院生に施行し、その効果を「自我のための退行」という観点から検討した心理臨床学的研究である。

　そして、第Ⅳ部第9章で、ロールシャッハ法、「なぐり描き (Mess Painting)」法を通してみた、「自我のための退行」に関して、全体的・統合的視点から考察し、本研究全体を俯瞰し、今後の課題について述べる。

第Ⅰ部

本研究の問題、目的

第1章

問題 I

1.「自我のための退行」という概念について

Freud, S. は、『精神分析入門』(Freud, 1922/1971) の中で、芸術家の精神力動のあり方に触れ、次のように述べている。「芸術家は、あまりにも強い本能的欲求に駆り立てられるのであるが、これらを満足させ得る現実的手段が欠けている。そこで芸術家は、現実を見捨ててその関心のすべてを空想生活の願望形成に転移する。ひょっとするとこの道は神経症に通じているかもしれない。…芸術家たちの、神経症による己が才能の部分障害に、いかに著しいものがあるかは周知のごとくである。…おそらく彼等の体質は、昇華への強い能力と、葛藤を決定する『抑圧の一定の弱さ (Lockerheit)』とを含んでいる。ところが芸術家は、このような空想の願望形成から現実へ復帰する道を有している」(Freud, 1922/1971)。Freud, S. は、芸術家の抑圧の弱さを、神経症者と共通の特徴として述べ、自我の弱さの表れとしてみている。英訳では、この "Lockerheit" が "flexibility"（柔軟性）という言葉に置き換えられているが、Kris, E. は、この抑圧の柔軟性という概念を積極的にとりあげ、創造的な、自我の強さを示すあり方としてとらえ直した (Kris, 1952/1976)。そして、この抑圧の柔軟性が条件となって二次過程から一次過程への「自我のための退行 (regression in the service of the ego:以下RISEと略)」が生じるとした。つまり、

Kris, E.は芸術家の心理を、その葛藤のパターンに結び付けるのではなく、形式的な問題に焦点を合わせることによって、創造性への新しいアプローチを見出したのである。ここで言う一次過程、二次過程とは、Freud, S.が『夢判断』(Freud, 1900/1968)で展開している概念だが、一次過程は「無意識的なイドにおける現象を支配している過程」で、本能衝動に密接に関連した原始的不合理な思考であり、置き換え、圧縮、象徴的表現などの機制に従う。また、二次過程は「前意識、自我における現象を支配している過程」であり、衝動エネルギーの制御と拘束が行われる。覚醒思考、注意、判断、推論、といった現実に即した論理的な心理機能は、この二次過程に属する。発達的にみると、心的機能は一次過程から二次過程へと発達するが、その方向は非可逆的なものではなく、その時その両過程のあり方によって、一方が他方を支配することになる。そして、一次過程が支配的になる状態を退行と呼ぶ。先にも述べたようにそもそも退行という概念はFreud, S.によって病因的な機制の意味で用いられ、否定的なニュアンスを持つ言葉として使われてきた。退行をどう意味づけるかは、実は、原始的な心的内容、幼児的な心的内容、動物的な心的内容を肯定的にとらえるか否定的にとらえるかによって、大きく異なってくる。それに対してKris, E.は次のように書いている。「自我退行は自我が弱い場合——睡眠中、入眠中、幻想、酩酊時、精神病の場合——にのみ起こるのではなく、さまざまの型の創作過程でも起こる。自我は一次過程を利用する場合もあり、必ずしも一次過程に征服されてばかりいるわけではない。…一定の条件下では、自我は退行を調整する。また、自我の統合機能には、後にもっとよい統制を取り戻すために、随意的・一時的にある領域から備給を撤回する機能も含まれている」「それは美的表現一般の広い領域にわたっており、さらに芸術や象徴形成に関するあらゆる領域、つまり、宗教的儀式に始まって全人間生活におよぶ、前意識や無意識の領域に適用される」(Kris, 1952/1976)。

　以上のように、Kris, E.は、RISEは芸術やシンボル形成だけでなく、宗教的な儀式にまで及ぶと記述しているが、なぜRISEが、宗教的な儀式の形成、

シンボル形成に至るか、そのプロセスについては語っていない。Kris, E. が述べているのは、あくまでもエス衝動を受け入れやすいことであり、退行の際に受け入れられるものは、本能衝動という範囲を超えることはできておらず、本能衝動と宗教的な儀式との関係性については述べていない。そこにKris, E. の理論の限界があると思われる。

　しかし、いずれにせよ、自我の統制下にある一次過程への退行という概念を創出し、退行の持つ創造的な側面に初めて目を向けたKris, E. の功績は大きい。彼はさらに、芸術的創作における退行過程の、2つの重要な段階——霊感的な段階（inspirational phase）と推敲の段階（elaborational phase）——に注目した。霊感的な段階では、「エス衝動やそれに近い派生物が受け入れられ易いことが特徴となっている」(Kris, 1952/1976)。推敲の段階では「逆備給による防壁が再び強化され…備給は他の自我機能へ、つまり現実検討や公式化…へと向かう」(Kris, 1952/1976)。そしてKris, E. は、この2つの段階は、敏速に交替することもあれば、長時間にわたることもあり、この交替が随意的に行われる、という意味で、自我が退行を統制している、と考えた。そして、「もし自我が、時により目的によってはエスの機制を許容できるとすれば、それは自我の強さの指標と考えられる」(Kris, 1952/1976) と、RISEの背後には、それを受け入れる強い自我の存在があることを示唆している。

　Kris, E. の退行理論をさらに精緻化したのがSchafer, R. であり、彼は、RISEを次のように定義した。「一次過程やその派生物が、意識的経験の中にある場所を与えられている限りにおいて、それを退行と呼び、その退行が自我の興味（創造的・共感的な）のために役立ち、比較的簡単に立ち戻ることができ、適応的な退行という観点から、生産的な仕事へと従う場合を、『自我のための』と呼ぶ」(Schafer, 1958)。この定義からも分かるように、Schafer, R. は、創作過程の説明として用いられたRISEを、より広い適応的なプロセス全般に働く、適応的な創造的退行ととらえ直したのであった。彼はさらに、「RISEは、適応を促進するために心的機能のレベルを部分的・一時的にコントロールされた形で低めることである。…それは個人の前意識、無意識的素

材へ徹底的な性欲化や攻撃化なしに近づき、従って崩壊をもたらすような不安や罪悪感なしに近づくことを意味する。…そのプロセスは、他の…自我機能をとめておくかもしれないような、自我の中心的なコントロール機能を含んでいる」(Schafer, 1958) と述べ、RISEの際には、一時的部分的に自我機能の停止が伴うことを示唆した。

さらに彼は、RISEを促進する条件として、1) 自分の情動にふれていると感じるときに、比較的安心していられること。2) 自我の安心感と自我の同一性。3) 外傷がないことではなく、それに対して支配性を持つこと。4) 超自我の比較的寛大さと、防衛とコントロールの柔軟性。5) 早期の母子間の信頼関係。6) RISEというプロセスが、より大きな共同体にとって意味あるものだとされること、の6つの条件をあげた。

ただしSchafer, R.自身、この条件は、芸術的科学的創造過程の退行よりも直接的な人間関係に含まれる適応的退行のほうにより関係していると述べている。

次にBellak, L.について述べることにしよう。Bellak, Hulvich, & Gediman (1973) は、人格評価の1Method、「面接による自我機能の臨床的評価法」を考案した。彼らは、その中の評価すべき適応的な自我機能の1つとして、「自我のための適応的退行 (adaptive regression in the service of the ego：以下ARISEと略)」を含め、RISEが、適応的な自我機能の1つであることを明確にした。このように人格評価の中で「自我のための退行」をはっきりと位置づけたのはBellak, L.が初めてであり、面接によってARISEを測定できるとしたところが、彼の業績であると言えよう。彼は、ARISEの2つの要因として、A.自我の振動機能とB.新しい布置への統合を挙げた。

彼は自我機能の振動機能について、退行とvigilanceの間の素早い振動の中で、創造的生産の適応的な性質が現れて、統合されると述べ、他の自我機能、とくに統合機能のために、ある自我機能を相対的にひっこめることが振動機能であるとした。この振動機能は、例えば、芸術家が創作 (統合機能) のために、適応的な自我機能の1つである内的自我境界を緩め無意識内に入

り、同様に適応的な自我機能である現実検討力をひっこめるという精神力動の在りようを適切に記述していると考えられる。振動機能によって、図と地の境界や、論理、時間、空間、他の諸関係の境界がゆるみ、その結果新たな境界を持ったあらたな布置が生じるとした。つまり、Bellak, L. は Kris, E. が述べた霊感的な段階と、「推敲の」段階との間の交替振動という概念に、より一般的な意味を与え、さらに Schafer, R. のいう部分的退行を、個人の自我機能の相対的な縮小（reduction）ととらえ、その意味をより明確にしたのであった。

　以上のように Kris, E. によって提出された、芸術創作における、RISE の概念は、次第により広い創造性との関わりの中でとらえられるようになり、現在に至っている。Rosegrant (1980) は、やや広くなってきたこの概念を整理する意味で、public と private の 2 種の RISE について述べている。public とは、退行の結果の産物が最終的に、他者とのコミュニケーションという形をとるもので、芸術的創作、心理療法の過程などを含み、private とは、個人の精神内部での利益のためになされるもので、催眠や宗教的体験、至高体験などである。勿論この 2 つははっきりと分けられるものではないかもしれないが、退行の目的によって RISE を区別するという視点は重要なものだと思われる。

　Freud (1900/1968) は退行を 3 つの視点（局所論的退行、時間的退行、形式的退行）からとらえているが、この視点は当然 RISE に関しても適用できる。つまり、形式的な二次過程から一次過程への退行は、意識から無意識への退行、現在より過去への退行が伴っていると考えられる。時間的退行が常に伴っているかは、検討の余地はあるが、RISE においては、局所論的退行と形式的退行は常に伴っていると考えられる。

　また、本論の焦点からは少しそれるが、創造性を RISE という観点からみることに反対している精神分析学者もいることを指摘しておきたい。

　Kubie, L. S. は Kris, E. と同じように前意識過程の重要性を強調し、創造的活動は、前意識過程の自由な働きの結果であるとする（Kubie, 1958/1969）。こ

の過程は、自由連想によって意識レベルで象徴的に近付き得るものであり、「自由連想は創造性に必要不可欠である。なぜなら、それは象徴のスペクトルの一方の意識の極に押し付けられた固さから敏感で、流動的で、可塑的な前意識体系を解放するからである。…創造的な人は、より自由に前意識的機能を使う能力をもっている人なのである」(Kubie, 1958/1969)。しかし彼は、自我のコントロール下の退行という考えには与さず、「前意識過程は両側から攻撃される。一方の側からは、現実から離れている無意識的動因によって動きのとれない歪曲した象徴へとひきずられる。…他方の側からは、字義的意識的目的によってかりたてられ、意識的反省的な批判によって検討され、矯正される。創造性は…二人の看守たちに挟まれて前意識機能がどれ程自由にはたらきうるかという程度如何による」(Kubie, 1958/1969)と述べ、意識も無意識も創造性には関与しないと主張する。

　また、Schachter, E. は、体験の対象に対して異なった仕方で、異なった角度から接近するために、固定した予想や構えを緩めるあり方を、「体験への開放性 (openness to experience)」と名付け、これが創造性の本質であるとした (Schachter, 1966/1975)。この概念は、Kris, E. や Schafer, R. が述べる RISE と重なるところもあるが、Schachter, E. は退行の際の本能的衝動に重点を置かない、という点で彼等と異なる。彼によれば、本当に体験に開かれた人は、原始的な思考や行動の様式に退行するのではなく、あらゆる可能性と微妙なニュアンスをもって、体験と出会うのである。

2. Jung, C. G. の創造的退行の概念

　さて、退行の創造的、建設的な意味を考えるとき、Jung, C. G. を抜きにしては考えられない。精神分析の専門家である馬場も「creative regression については、われわれは Carl Gustav Jung の見解に遡る必要がある」と述べ、「Jung は、無意識のうちに、当面の現実適応過程に必要な精神機能のエネルギー的源泉を認め、退行による無意識の動員・活用はこのような建設的役割

を有し、退行過程のうちにこそ、エネルギーの配置転換によって、よりよき適応が可能になる新たな進展が含まれている。退行こそ、無意識の可能性を解発するために運動し、復活する働きであるというのである」（小此木・馬場, 1962）と Jung, C. G. も退行の創造的な価値を見出していることを強調している。Jung, C. G.は、無意識を生命の根源と考え、「進展」と「退行」という2つの概念を立て、これらの概念によって表されるものは、人間の心の営みの示す最も重要なエネルギー現象の1つであると考えた（Jung, 1928a）。リビドーの「進展」とは外界の要請するところに対するたえざる適応過程であり、その失敗によって停滞や退行の現象が生じる。その結果として、無意識の内容や内面の古い葛藤が再燃する。といっても、進展はそのまま進歩ではない。すなわち、外界の要請にはよく適応しているが、内面の心理的現実との接触は喪失している人もありうるので、そのような人の場合には一時的に退行することが有益であるかも知れないのである。そして、この退行の働きによって、新しく退行したレベルで精神の均衡が回復され、再びそこでエネルギーを得て、精神は「進展」を開始する、という。この場合の退行は、芸術家の退行とは少し異なるが、宗教的儀式における退行に関して、Jung（1921/1987）は、「根源的な自然へのこの後退・太古の心的諸条件への宗教的に組織化された退行は最も深い意味において、生きている宗教にはいずれにも共通のものであって、オーストラリア黒人のトーテム儀礼における〔祖霊との〕退行同一化に始まり現代西洋文化におけるキリスト教の神秘家たちの忘我状態にまで見られるものである。この後退によって再び始原の状態が、すなわち神との同一性というありえない状態が回復され、またこの状態が強烈な体験として印象づけられることによって新しい側面が生じる。つまり客体に対する人間の構えが更新されたことによって世界が再び創造されるのである」と述べ、深いレベルでの退行では「世界が再び創造される」と述べている。そして、さらに退行は「リビドーが根源的なものへと遡る退行運動であり、始原の源泉の中へ沈潜することである。この源泉から、始まりつつある前進運動を示すイメージとして、無意識の要因をすべて包み込んだシンボルが浮かび

14　第Ⅰ部　本研究の問題、目的

上がる」と述べ、深い退行においては何らかの「シンボル」が浮かびあがってくるとした (Jung, 1921/1987)。芸術家はまさに宗教家と同じように深いレベルまで退行し、個人を超えたシンボル・イメージをつかんで進展してくると考えられる。また、Jung, C. G.は、普遍的無意識というFreud, S.より、より広範な個人を超えた無意識を想定しているので、退行も必然的にこの普遍的無意識への退行ということになる (Jung, 1928b/1995)。個人を超えているために、より深い退行と言えるかもしれない。

　以上のように、精神分析のRISEとJung, C. G.のいう創造的退行では、無意識のどのレベルまで退行するか、無意識のどの内容に退行するかという点で異なっているが、いずれにせよ、建設的で、ポジティブな意味をもった「退行」という概念を想定するという点では一致すると考えられる。

　本研究では、基本的にはKris, E.の言うRISEの考えを中心として、議論を進めていくが、Jung, C. G.の考え方を取り入れないと説明不可能なところに関しては、Jung, C. G.の理論も参照しながら論を進めていきたいと思う。

3.「自我のための退行」の測定について

　以上のようにRISEあるいは創造的退行が重要な自我機能であることは分かってきた。そして、その具体的な評定法を最初に考案したのが、先に述べたBellak, Hulvich & Gediman (1973) である。Bellak, L.らは自らが開発した「自我機能評定法」において、インタビュー等によってARISEを測定することを試みている。Bellak, L.は、ARISEを測定するためにインタビューにおける10個の質問項目を定めた (Bellak, 1989)。

　①あなたは、驚いたり脅かされたりせずに、奇妙な考えをすることを自らに許すことができますか？

　②あなたは、芸術的産物や活動の基礎として用いることのできるようなファンタジーを思いつくことができますか？

③あなたは、何か重要なことをしていないことを気にせずに、リラックスし楽しい時間を過ごすことができますか？

④あなたは白昼夢を見ることを楽しめますか？

⑤あなたは自発的に振る舞うことができますか？

⑥あなたが趣味（料理、大工仕事、プラモデル）に熱中しているときに、説明書に従わなくても楽しめますか？

⑦あなたは、創造的なことを楽しめますか（例：絵画、粘土、創作）？

⑧あなたは、滑稽な状況やユーモラスな状況を考えることができますか？

⑨あなたは、ゲームをすることを楽しめますか？

⑩あなたは、誰かが冗談を言ったときに簡単に笑えますか？

　以上の10個の質問であるが、質問内容から分かるように、これはあくまでも言語による報告であり、意識レベルでの測定に過ぎず、残念ながら、RISEが生じている際の無意識の精神力動に関しては知ることができない。そこで、RISEの際の力動的な心理の有り様を解明する道を開いたのがSchafer, R. である。

3-1. ロールシャッハ法を用いた「自我のための退行」の測定について

　1.でSchafer, R. の退行理論について述べたが、彼のもう1つの業績は、RISEを、ロールシャッハ法のテスト過程と結び付けて、投影法を用いて、RISEを測定する道を開いたことである。「TATやロールシャッハ法は、よりRISEを必要とし、より一次過程に近づきそれを使うことを必要とする。…このテストにおいて被検者は、芸術家と同じように自らのうちに経験の諸形式をみつけ、反応を精練させる内容を見つけねばならない。広範囲の形式と内容に自由に近づくにはRISEが必要だが、退行が行き過ぎ、自我への奉仕からはずれると、反応は流動的で拡張しすぎたものとなり、太古的な性質を帯びる」(Schafer, 1958) と、ロールシャッハ法の反応に、被検者の退行のあり方が反映されるとした。

16   第Ⅰ部　本研究の問題、目的

　そして、RISE を二次過程から一次過程への退行と考える立場から、ロール
シャッハ法独自のスコアリング方法を考え出したのが、Holt, R. である (Holt,
1977)。彼は、Schafer, R. らの本能論（自我心理学）の立場を継承して、Freud,
S. の一次過程、二次過程を測定するカテゴリーを考える上で、1) 内容面の一
次過程と二次過程 [表1-1参照]、2) 形式面での一次過程と二次過程 [表1-2参
照]、3) コントロールと防衛 [表1-3参照]、の3つを強調した (Holt, 1977)。1)
は衝動の内容を指し、衝動が中和されていないほど、反応に現れた思考の内
容は一次過程寄りになる。内容面のカテゴリーはそこに表されている衝動に
応じて、①性的目標をもったもの、②攻撃的目標をもったもの、の2つに分
類される。衝動が生のままで出される場合は level1（より一次過程と密接にかかわ
る：以下 level1 と略）が、修正され受け入れやすい形で出される場合は level2（よ
り二次過程と密接にかかわる：以下 level2 と略）がスコアされる。2) は、思考の形式

[表1-1]　内容面における一次過程的反応のスコアリング基準概要 (Holt [1977] より)

性的目標をもった衝動		
LI	LIO（口唇受容的）	口、乳房（以上のものが単独で見られた時）；吸うこと；餓餓；嘔吐
	LIO-Ag（口唇攻撃的）	歯、あご（以上のものが単独で見られた時）；カニバリズム；去勢的、加虐的なかむ動作；寄生
	LIA（肛門的）	尻（単独で見られたもの、もしくは他の level1 反応と共存しているもの）；糞便や排出に関するもの；痔
	LIS（性的）	生殖器官；性的器官に関連する間接的な表現（「男根象徴」）；射精；性交；姦通、不義に関するあらゆる表現
	LIE-V（露出的・窃視的）	裸体；ポルノ；明らかな窃視趣味や露出された性器
	LIH（同性愛的）	性の曖昧さ；同性愛行為；両性具有
	LIM（その他）	生理；出産；小便
攻撃的目標をもった衝動		
AgI	AgIA（攻撃：サディスティックな攻撃性）	ヴィヴィッドなサディスティックなファンタジー；人や動物の死滅；殺人；拷問
	AgIV（攻撃の被害：マゾヒスティック）	去勢や明らかな性的マゾヒズム；ひどい苦痛を受けること；悪夢のような無力感；自殺
	AgIR（攻撃性の結果）	サディスティックで致命的なダメージを負わせる行動の結果；腐敗したり化膿している肉；一部が切断されている人や動物；切断、破壊された対象物や植物で、極めて残忍な行為によるものであることが示唆されているもの

第 1 章　問題 I　17

[表1-2]　形式面における一次過程的反応のスコアリング基準概要

（吉村［2004］より。吉村の著書に、Holt［1977］のスコアリングシステムの基準の翻訳が掲載されている。その一部を筆者が改変した。）

凝縮　Condensation		
C1	C-ctm1 （混交：2つの独立した知覚の融合）	別個の対象や人間の重なり合うイメージが1つの反応に融合したもの；同一物について2通りの排他的な視点から見たイメージを融合したもの（身体の外と内からの視点の融合であることが多い）。
	C-ctgn1 （感染）	自己と反応との境界の喪失（「この人は悲しそうに見える。これを見ていると泣きたくなるんです。だから向こうへやってください」）。
	C-int1 （相互浸透）	2つの別個の知覚の部分的融合。同じ領域に見られることが多く、被検者はどちらか1つに決められない；互いに相容れない知覚間で不十分ながらも考えうる妥協の見られる反応；ある知覚を選びながら、もう一方のものを捨てきれないでいる反応；イメージの融合を伴っていない概念の相互浸透。
	C-co1 （合成）	不可能な融合や合成組織；ありそうにない融合（「双頭のザリガニ」）；非現実的な結合部位を伴う顔の知覚。
	C-arb1 （色彩と形態の恣意的な結合）	自己批判や不調和への認識がないままに反応が与えられたり（「赤い熊」）、自発的な批判や否定を伴って与えられた反応（「羊。なんで緑でないといけないのかは分からないが、緑色をしている」）。与えられた色彩が反応に対して格別に不自然であるというわけではないが、インクブロットにおける色調が非現実的であるもの（Ⅷ図でよくみられる「赤いキツネ」）は、weakとスコアする。

置き換え　Displacement		
D1	D-chain1 （連鎖的連想） D-clang1 （音韻的連想）	流動的な連合思考。構成や予測の全体的な見通しなしに次々と想念が移行していくもの。 音の類似が概念の移行に用いられているもの。

象徴反応　Explicit Symbolism		
Sym1	Sym-C1 （色彩や濃淡の象徴で特異なもの）	「象徴」という言葉かそれに近い言葉が用いられた反応（「この赤は悪に対する力を表している」）；相貌的、共感覚的な反応も含む（「コンサート。カラフルで不可思議。」・Ⅹ図 W）。
	Sym-S1 （空間象徴）	インクブロットの領域間の関係によって、直接描かれていない抽象的な観念や属性を表しているもの。
	Sym-I1 （イメージ象徴で特異なもの）	抽象的な観念を表すために特異で具体的なイメージを用いたもの（「この外側にある点は彼の考えていることを表している」）。

矛盾反応　Contradiction		
Ctr1	Ctr-A1 （情緒的矛盾） Ctr-L1 （論理的矛盾） Ctr-R1 （現実性の矛盾－重篤なもの）	被検者が矛盾した感情を同時に感じていることが示された反応；情緒の変わりやすさ；不適切な情緒（「フーマンチュー。かわいいね。彼が切腹しているところ」）。 相容れない特質、活動、属性が単一の知覚に盛り込まれたもの；インクブロットや反応に対して主張と否定を同時に行うことで、自ら矛盾を招いているもの。 インクブロットの現実に対してやみくもに当てはめようとしているもの（「この絵は自分の思い通りになるんだ。これは天気がいいように見えるけど、僕は曇りがちの方が好きだから、そういう風に見える」）。

18   第Ⅰ部　本研究の問題、目的

		言語表現　Verbalization Scores
V1	V-I1 （支離滅裂）	思考過程が極端に自閉的であるためにコミュニケーションに障害が生じ、支離滅裂となっているもの（「愛を一束。愛らしい若き魅力、早発性痴呆にくるみこんでなんて答えはどうでしょう」）。
	V-C1 （圧縮）	圧縮が認められる混成語；圧縮が明らかでない造語。
	V-Q1 （奇矯な言語表現）	精神病質的な言語表現の崩壊、適切な表現維持の失敗（「まんこ。本物じゃないみたいだ」「カニ。タコの方がよかったのに」）。

	その他の知覚や思考の歪み　Miscellaneous Distortions of Thought and Perception
AuLg1 （自閉的論理）	誤った三段論法による反応（「みんなとても小さいから虫みたいなものに違いない」「蛇。〈どんなところが蛇に似ていた？〉分かんないけど、ぐるぐると巻いて終わりがないから」）；理由付けの自閉的性質（位置反応 Po resoponse）；ごく小さな領域を拠にして、より大きな領域を一般化したり結論づけた反応（DW反応）。
ML1 （記憶弛緩）	正しい情報を知っていると推測される人による事実誤認（「女性器の入り口。胃へと続いている」）。
Intr1 （無関係な思考の侵入） Un Rel1 （非現実的関係）	無関係な思考が突如として記録中に侵入してきたもの（「吸血コウモリ。いったい私のIQはいくつなんでしょうね」）；質疑に対して無関係かつ非同調的に答える場合（〈毛皮らしかったのは？〉「ここに4つ、すてきな顔がある」）。 インクブロット間で非現実的な関係が認められているもの（「前の絵で見た蝶がここにもいる」）；1つの図版の要素間で非現実的な関係を見ているもの。
Trans1 （知覚の流動的変形）	あるものが他のものへと変化していく体験を目前の出来事として描写したもの。
S-R1 （自己関係づけ－ 極めて非現実的な種類のもの） AuEl1 （自閉的明細化）	テストやそこに見られたものが被検者本人との個人的な関係をもっていることが示されたもの（「私に向かって放たれた矢」）。 何らかの主題をもった、しばしば夢のようなファンタジーの存在；空想の産物で実現不可能な形態（「アステカ民族の像。石のような偶像…お尻、足、なにかシンボル的なもの…性的なもの…女性器なんだと思う。こっちには恐竜の像。性的シンボルが原因で、この女性をめぐって争いをしている。恐ろしくおびえて…この女性は声も出せずに、口を閉じている」）。
F-msc1 （固執反応）	固執反応。本質的には同じ内容で、かつ形態質の不良な反応が3つ以上続いて出現した場合；インクブロットを現実としてとらえているもの；色彩以外のインクブロットの属性に対する相貌的知覚による反応（「文書か通知状に見える。飾りが添えられているから」）

第1章　問題Ⅰ　　19

［表1-3］　コントロールと防衛についてのスコアリング基準概要より

（吉村［2004］より。吉村の著書に、Holt［1977］のスコアリングシステムの基準の翻訳が掲載されている。）

隔り　Remoteness

受け入れ難い衝動が表現されたとき、その反応を時や場所etc. において隔たったものとすることで、その衝動を受け入れやすくする場合。R-min（最小限の距離）は、「今ここ」の人間像（あるいはその部分）で、間接的・直接的に現実に存在することが示された反応。R-eth（民族）は、反応内の人間が、被検者と異なった民族である場合。R-an（動物−自我親和的）は、反応の主要な登場人物が、人間以外の哺乳動物である場合。R-(an)（動物−自我異質的）は登場人物が準哺乳動物である場合。R-plは主要な登場人物が広義の植物である場合。R-ia（非生物）は、主要物が生命のない物体や抽象概念。非生物運動（「爆発」「ベル」）。R-dep+（描写）は主要人物が絵画、デッサン、彫刻などで表現されている場合。R-geo+（地理）は、地理的な遠さを示している場合。R-time（時間）は、時間的に離れた時代。R-fic s.（物語・特定のもの）は、特定の物語におけるキャラクター、動物、対象物。R-fic n.（物語・不特定のもの）は、不特定の物語におけるキャラクターや小説に登場する対象（「幽霊」「ウォータンの魔法の火」）。R-rel（宗教）は、現代の世界的な宗教における宗教的人物や内容。R-fan（ファンタジー）は人物や内容が明らかに空想のものと分かる場合。R-fig（隠喩）は、比喩を用いたもの。R-cond（仮定）は、一次過程思考が仮定法を用いた表現の中で生じている場合、もしくは反応全体が著しく不確かで「条件付き」である場合。

文脈　Context

コンテクストが反応に与える説明が、逸脱した要素をカバーし、反応全体を受け入れやすくするとき、Cx-Cは文化的（cultural）コンテクスト。儀式、風習、神話、職業的役割、その他の社会的現実に言及している場合、文化的（cultural）コンテクスト。儀式、習慣、神話、他の社会的現実に言及することで、反応を受け入れやすくするとき。「ハロウィーンで火の周りを踊っている魔女」。Cx-Eは審美的（esthetic）コンテクスト。芸術や文学の活動や作品について、適切に言及するとき。「不思議の国のアリスのように驚いた姿」。Cx-Iは知的な（intellectual）コンテクスト。科学、技術、専門的な事実や知識への言及。「脊髄の解剖」「前立腺と輸精管」。Cx-Hはユーモアのある（humorous）コンテクスト。ユーモアのある空想的な明細化をした時。「2人の人。どちらにも男性の部分と女性の部分がある。男女の区別がつかない格好をしていると言ってもいいかもしれない」。

遅延方略　Postponing Strategy

Del（遅延）は質疑の段階で初めて特定の一次過程思考が認められ、元々の反応にはそれを示唆するものが何も認められないもの。Blkg（ブロッキング）は、2分かそれ以上の時間をかけて出現した反応。

その他の防衛（多くは病的なもの）　Miscellaneous(Mostly Pathological) Defense

Refl（内省）は自己観察や自己批判の態度。2通りの様式で表現される。1つは内省的な態度であり、もう1つは反応の批判である。Eu（婉曲）は、直接的表現に対する「上品」で婉曲な表現による置き換え。Vulg（粗野な言語表現）は曖昧な表現が一般的であったが、専門用語が多く用いられるところで、粗野でショッキングな俗語を用いている場合。Mod+（反応の適応的修正）は、スコア可能な一次過程を伴って反応を始めたが、最終的に一次過程がlevel1からlevel2へと移行したり、これらのレベルのどちらかがスコア不能になるように反応の修正や調整が行われた場合。Ratn（合理づけ）は、本能的な内容や形式的な奇妙さを伴って反応が始まったが、その後、より受容的で現実的な形へと変えようという意図のもとに何らかの要素が加えられた反応。しかし、スコア可能な要素のレベルはそれに応じた変化を遂げていない。Neg（否定）は、ある考えが意識にのぼると同時に、その存在や利用可能性を否定しているもの。通常、2番目の考えに対しては否定形が用いられる。または防衛から漏れ出た何らかの恐ろしいものに対して「よい」性質を添付することで、これを浄化したり純化しようとしているもの。Minz（最小化）には、2種類の方略による逸脱をコントロールしようとする試みがあげられる。第一にあげられるのが、微少な領域に対する否定であり、第二にあげられるのが、概念それ自体に対するものであり、反応に修正や制限を加えることで文字通り脅威を小さくする効果をねらったものである。Cphb−（不安抗反応）は、最も恐ろしいと感じられるような状況で攻撃したり大胆な行動に出るところをイメージすることで不安を乗り越えようとするもの。恐怖感を喚起するようなイメージを軽視したりからかったりしているもの。Self-D−（自己非難）は被検者が一次過程を含む反応に関連して自己を批判しているが、その批判が不適切なもの。

Rep－（反応の否認・拒否）は、反応全体を撤回したり否認したりしようとするもの。Va－（知覚や言語の曖昧さ）は、反応を出しながら、あるいは出し終えてから、本当はその反応が見えているわけではない、ぼんやりとしか見ていなかったと不平をこぼす場合。一次過程を含む表象に対する明らかな防衛として、曖昧、断片的、変わりやすいなどの不完全な言語表現を用いているもの。Prj－（投映）は反応の責任の投映。反応、テスト、検査者の極端な拒絶Obs－（強迫防衛）は、伝統的な強迫防衛のうち、明らかに一次過程的な要素に関係しているものや、一次過程にスコアされない反応というよりもスコアすべきかどうかが問題となるようなケースにおいて顕著なもの。この種の強迫防衛としては、補償作用が若干失われた不適応的な形態、すなわち、知覚に対する疑念、動揺、強迫的な「懸念」や不決定として表現される。また、2つ以上の等価な反応の間で揺れ動いている場合には、この記号をスコアする。Iso（分離）は、補償作用が失われたり不適応的となっているような分離の表れ。情緒的な死や凍結。通常は関係づけられている考えや知覚が分離して認められているもの。Eva－（言い逃れと回避）は、検査者の質問を避けようとするごまかし。明言することの拒否。回避的表現。Imp－（不能）は、検査者から尋ねられても反応を説明することができない場合。S（継起）は、一次過程により中立的な二次過程的な素材を交えることのできる能力。スコア可能な反応とスコア不能な反応との交替。level1とlevel2との交替。

明白性　Overtness

O-beh（行動）は、行動を通して動機づけが表現されている場合。O-vbl（言語）は、意図、欲望、情緒が言葉で表現されている場合。O-exp（体験）は、願望、切望、感情、感覚、思考、情緒として表現された動機づけの表現。O-pot（潜在）は、動機が潜在的なものとしてのみ表現された場合。

を指す。反応に示された思考形式が、二次過程を特徴づける、現実との経験に根ざした秩序だった論理的思考とどれだけ離れているか、どれだけ夢のなかのような凝縮、置き換え、象徴化がそこで生じているか、が重要になる。形式面のカテゴリーは、凝縮 (condensation)、置き換え (displacement)、象徴反応 (explicit symbolism)、矛盾反応 (contradiction)、言語表現 (verbalization scores)、その他の知覚や思考の歪み (miscellaneous distortions of thought and perception)、の6つに分かれ、それぞれサブカテゴリーがあり、level1、level2の段階がつけられている。また、退行が自我のための適応的なものになるためには、3)のコントロールと防衛という要因が大事になってくる。一次過程、二次過程の評価をするときには、被検者の反応に対する態度（快、不快など）と、思考に含まれる一次過程に支配される程度、あるいはそれを支配、防衛する程度が問題になってくる。コントロールと防衛のカテゴリーは5つに分かれ、それぞれサブカテゴリーがある。

　RISEの測定方法としては、このHolt, R.のスコアリング・システムが一番よく使われており、構成概念の妥当性も検証されている（Pine &Holt, 1960；Cohen, 1961；Dudek, 1968；Wagner, 1972；Rosegrant, 1980など）。

なお、Holt, R. は最終的に防衛要求（DD：Defense Demand of Response）のス
コア、防衛効果（DE：Effectiveness of Defense）のスコア、適応的退行のスコア
（ARS：Adaptive Regression Score）を算出している。

　DDとは、反応における衝撃の度合いであり、具体的には、問題となる想
念が潜在的にもっている性質、（反応様式が問題になっているときの）表現のされ
方、反応を社会的に受け入れ可能なものに修正するための何らかの防衛や統
制面での方略を評定することになる。最も極端なスコアは直接的に表現され
たlevel1の性的・攻撃的反応内容に対して与えられるが、反応様式にも、概
念の「異常さ」を隠蔽したり言いぬけようとする種々の試みが反映されてい
る。防衛の必要性の程度に応じて1〜6点が付与される。点数が高いほど、
防衛が必要であることを示す。

　DEは、反応内容や反応様式の点で一次過程のスコアに該当するすべての
反応について、統制と防衛の効果に関する評定点である。形態水準をその基
礎においている。ここで測定する統制と防衛の機制とは、被検者の不安を軽
減、回避しようとする試みであり、インクブロットを解釈するようにという
検査者からの要求に対して、反応を適切で適応的なものにしようとする機制
を指している。DEは、＋2から−3まで、0.5点間隔の尺度である。正の値
は統制が良好であり適応的な退行を表すのに対して、負の値はより病的な防
衛であり、不適応的な退行を意味している。

　そして、ARSとは、すべての反応ごとに求めたDDとDEの積を加算した
値を一次過程思考反応の数で除したものである。つまり、DDが高く、DE
が高いとARSも高くなるということである。すなわち、より一次過程的な内
容・形式を持ち、かつ形態水準が高いと、この値は最も高くなる。この値を、
Holt, R. は適応的退行の一番の指標として用いているが、Fishman, D. B. は
適応的退行のスコアはその計算が数学的な影響を伴っていて、実際、よりシ
ンプルなDEの測度に非常に近いスコアになると述べている（Fishman, 1973b）。

　本書では、ARSが適応的退行あるいはRISEの指標としては、妥当性に疑
問が感じられるので、あえてDD、DE、ARSは算出せず、1つ1つの反応を

22　第Ⅰ部　本研究の問題、目的

丹念に見ることによって、その反応がRISEを示しているかどうかを検討したいと思う。その際、コントロールの指標として形態水準は用いることにするが、Holt, R.が採用している－1から2.0までの0.5刻みの評点ではなく、Klopfer法（Klopfer, 1954;1956）による形態水準評定を用いる。理由は、Klopfer法の方が、最高で5.0までの評点があり、よりよくコントロールされた反応を評定できるためである。

　本書で取り上げた一般大学生C（芸術家に見られるような退行の資質が備わっている）、美術専攻大学院生、抽象芸術家は、いずれも自由反応段階、特に質問段階での反応が極めて長かった。実際の反応は、本書に掲載されたプロトコールの少なくとも数倍はある。本書での形態水準の評定は高すぎると思われる読者もいるだろうが、掲載されていない部分の数多くの建設的明細化も含めて評定したため、このような結果になったことを記しておきたい。

3-2. ロールシャッハ法を用いた芸術家（美大生）の「自我のための退行」の研究

　そもそも芸術家の防衛機制の有り様を考えていく中で出てきた「自我のための退行」という概念であるが、ロールシャッハ法による測定という実証的な研究方法も出てくることによって、芸術家以外の領域においても、「自我のための退行」に関する研究が行われるようになってきた。本書では、最初の出発点であった芸術家の自我機能の有り様である「自我のための退行」という観点から、ロールシャッハ法を用いた芸術家の研究のレビューをすることにする。なお、本書では、「美大生」と「美術専攻大学院生」の2つの表記があるが、「美大生」の場合は学部の学生を含む場合であり、「美術専攻大学院生」は、大学院生のみという意味である。

3-2-1. Holt, R.のスコアリング基準を用いていないロールシャッハ法を用いた芸術家（美大生）を対象にした研究

　まず、Holt, R.のスコアリングシステムを使わずに、他のロールシャッハ法の測度を用いて、芸術家のRISEについて研究したものをあげる。

Myden（1959）は、トップランクの芸術家20名と社会経済的ステータスが創造群と匹敵する20名にロールシャッハ法を実施した。結果は、創造群は対照群より一次過程が有意に多く、一次過程が二次過程にうまく統合されていた。創造群は抑圧が少ないため、一次過程に近づきやすく、より多くの利用可能な心的エネルギーを持っているとした。

Cohen（1961）は、指導教員が判断した非常に創造的な美術専攻大学院生群とそうでない美術専攻大学院生群とにロールシャッハ法を施行した。Holt, R.のスコアリングシステムは使わずに、一次過程の量を算出したが、両群に差はなかった。ただ、一次過程的素材の利用の効果という点で異なっていた。一次過程を含んでいない反応の形態水準は、両者で差がなかったが、一次過程を含んでいる反応で、創造群の方が平均形態水準が高かった。

また、馬場（小此木・馬場, 1962）は、他の芸術家と比べて、画家は図版に対する批評・批判が多く、内容的に期待されるほどの想像力の豊かさや、創造性は著名に認められなかったと述べている。

Hersch（1962）は、傑出したクリエーター、ノーマル群、統合失調患者20名ずつにロールシャッハ法を施行し、結果を比較した。クリエーター群は、ノーマル群と比べて、運動反応と相貌的反応で多く、統合失調患者よりも、相貌的反応が多かった。相貌的反応とは、何に見えるかではなく、ブロット自体が情動的、象徴的性質、ダイナミックな特性、生きているものの属性を持っているように見える反応であり、ブロットそのものが陽気であったり、混乱していたり波打つ運動性を持っていたりする。これはプリミティブな反応とみなされ、クリエーター群は、運動反応のような分化した想像力のある見方をするだけではなく、時にはプリミティブな見方もするような柔軟で、可動的な心理機能を持つことが示された。

Dudek（1984）は、有名な建築家40名を対象にロールシャッハ法を施行した。40人のうち22名がプリミティブな性反応を出し、一次過程的な性的衝動が多くみられたことを報告している。また、彼らのプロトコールに抑圧と苦痛のしるしが相対的に少ないことから、建築家は画家や作家と違って楽観

24 第Ⅰ部 本研究の問題、目的

的な態度を自分の作品と世界全体に対して示すとしている。

　また、Dudek & Hall (1978-79) は、同じように建築家にロールシャッハ法を施行し、彼らの作品を4つのスタイルに分け、スタイルごとにパーソナリティの有り様に違いがあるかを調べた。結果は複雑なものであったが、スタイルの形成には、より個人的でダイナミックな中心的イメージ、アイデア、創造的ヴィジョンが関わっており、それがダイナミックでユニークな形を創造するとした。

　Wild (1965) は、30名の美大生、26人の教師、26人の統合失調患者を被検者として、自然な条件下、統制された条件下、非統制的な条件下で、言語連想検査と Object Sorting Test を施行し、その後でロールシャッハ法を施行した。美大生は、自分自身の内的なスタンダードに対する確信の念を持っているようであり、しばしばもっとも独断的な反応を絶対的な確信を持って答えた。また、美大生は自分自身の反応と内的生活に興味を示し、自分に関して何か新しいことを発見するのを喜んだ。この態度は2つのグループと比べて対照的であった。美大生は他のグループに比べて、自分の loose な思考を示すのに自己顕示的に熱心であった、という結果を得た。

　片口 (1982) は、21名の一流の小説家、作家を対象にしてロールシャッハ法を行った。片口は分析の視点において、特に「自我のための退行」という概念は用いていないが、彼らのロールシャッハ法の結果を説明する際に、「新鮮で強烈な感動性」について述べ、それを創造のエネルギーに置き換えるためには「自我の強さあるいは自我統制の強さ」が必要であると述べた。

　馬場 (1979) は、著名な5名の詩人、文筆家を対象にしてロールシャッハ法を行った。馬場は、彼らのロールシャッハ法の結果を、一部は退行という視点から扱い、また作品との関連付けも一部では行いながら、詳細に芸術家の深層意識の有り様を探った。

　Dudek & Hall (1984) は、40人の優れていると評価された建築家を対象としてロールシャッハ法とMMPIを施行した。MMPIの結果とロールシャッハ法のプロトコールの防衛、想像性、情緒性のパターンから、4つのグルー

プに分けた。しかし、創造性のレベルでは大きく異ならなかった。つまり、最も高い創造的達成は認知的アプローチや防衛構造には依存しないと、している。ただ、創造性高群で、一次過程的性的内容が多く生じたことは、それが何らかの心的エネルギーへの接近のしやすさとして評価されるとしている。

また、馬場（1988）は12名の第一線で活躍している女性詩人を対象としてロールシャッハ法を行った。本研究でも、芸術家の深層心理の分析に「退行」という概念を所々で援用しながら、芸術家の深層心理を詳細に分析している。特に興味深いのは、馬場は、ロールシャッハ法の結果と、詩人の作品世界との関連性を検討している点である。この研究のように、ロールシャッハ法の結果と作品との詳細な関連付けを試みた研究は今までなかったという点で、画期的であると言えるであろう。

以上の結果を一言でまとめるのは難しいが、優れた芸術家は①一次過程的反応やよりプリミティブな反応を多く産出する、②一次過程の量に差はないが、一次過程を含んでいる反応の形態水準が高い、③建築家では、一次過程的性的反応を多く示し、他の芸術家より楽観的な態度を自分の作品と世界全体に対して示す、というような、一貫して述べるには難しいような結果が出ているということができる。これは、RISEという現象の複雑さと、それを測定する方法の違い、対象とする芸術家の違い、芸術家の優秀さを何をもって判断するかなどの、さまざまな統制しがたい問題を含んでいるからだと思われる。

3-2-2. Holt, R.のスコアリング基準を用いた芸術家（美大生）を対象にした研究

次に、Holt, R.のスコアリングシステムを用いた研究をあげる。Dudek（1968）は、成功した芸術家41名、成功していない芸術家19名、Mを多く産出する一般人22名を対象にして調査を行った。結果は、一次過程の量では、成功した芸術家が、成功していない芸術家・一般群と比較して有意に多かっ

26　第I部　本研究の問題、目的

た。5を境にして、成功した芸術家と成功していない芸術家を区別できると
した。芸術家は、退行したレベルからノーマルなレベルへの移行がスムーズ
であり、記録の全体的なトーンも肯定的で建設的である。また、芸術家の情
動的な表現の多さは、体験に開かれた態度と体験に対する新鮮な気持ちを表
現している。表現されるエネルギーが有益な目標を引き出すというものであ
り、RISEが、肯定的でエネルギー補填的な要素があることを述べている。
また、Dudek, S. Z.の言う「体験に開かれた…」は、先に述べたSchachter,
E.の欲動への退行を重視しない「体験への開放性」という創造性の本質と重
なるものである。

　Dudek & Chamberland-Bouhadana (1982) は、美大生群20名 (平均21.7才)、
有名な芸術家 (画家、彫刻家) 群20名 (平均41.7才) を対象にして、調査を行った。
結果は、芸術家群の方が、より多くの一次過程を示し、性的内容のlevel1反
応は芸術家群の方が多く、退行のレベル (DDなど) は成熟した芸術家群の方
が深く、またDEとARSは、芸術家群の方が高かった。

　Caldwell (1995) は、創造的な建築家、いくぶん創造的だと評価されている
建築家、統制群として選ばれた建築家、合計60名を対象に調査を行った。
結果は、創造的な建築家は、他の群より性的level1内容を多く出したが、形
態水準、DE、ARSでは差が出なかった。

　以上、芸術家を対象とした研究では、優れた芸術家はより多くの一次過程
を出しているが、一次過程のコントロールに関しては、一致した結果が出て
いないということができよう。これは、対象にした芸術家の種類 (画家、彫刻
家、建築家など)、芸術家の評価の基準の違い等など、複雑な要因が関わって
いると考えられる。

4. 本研究の目的I

　問題で述べてきたように、小説家、詩人、建築家などの芸術家の退行を
ロールシャッハを使って詳細に検討してきた研究はある。しかし、芸術の主

要ジャンルである絵画を制作する画家のロールシャッハ法を用いて画家の退行の様相を詳しく扱ったものはない。また、画家のロールシャッハ法をその作品世界と関連付けた研究もない。そこで本研究では、画家（美術専攻大学院生）を取り上げ、画家（美術専攻大学院生）の退行の特徴を、一般大学生との比較、スタイルによる画家の退行の違い、1人の画家における退行の変遷と作品の変化との関連性を検討することによって、画家（美術専攻大学院生）の「自我のための退行」の有り様を詳細に検討する。

　具体的には、本書の第3章で、芸術家の「自我のための退行」の様相をより詳細に明らかにするために、一般大学生と美術専攻大学院生の「自我のための退行」の有り様を詳細に比較し、その特徴を明らかにする。さらに、第4章で抽象画家と具象画家という作品のスタイルの違いによって「自我のための退行」の有り様が違うのかを比較検討し、最後に、第5章で一芸術家の20年の「自我のための退行」の変化の検討を行い、その変化が作品世界の変化とどのように関連しているのかを詳細に検討する。これらの研究を通じて、今まで明らかにされてこなかった画家の「自我のための退行」の様相の細かい有り様を検討し、さらに、画家の作品と「自我のための退行」の有り様との関係性について検討する。

28　第Ⅰ部　本研究の問題、目的

第2章

問題Ⅱ

1.「自我のための退行」を促進する技法とは

　芸術家の精神力動を明らかにするためにKris, E.によって創出された「自我のための退行」という概念は、第1章で明らかにしたように、Schafer, R.、Bellak, L.などによって、適応的退行、適応的な自我機能というように、一般的な人の適応的な有り様として説明されるようになってきた。そのような適応的な働きをする「自我のための退行」だが、どのようにしたら「自我のための退行」が生じるのか、どのようにしたら「自我のための退行」を促進することができるのか、ということについては論じられてこなかった。筆者は、カナダの心理学者Luthe, W.が創造性を開発する技法として創案した「なぐり描き（Mess Painting）」法（Luthe, 1976/1981）を、「自我のための退行」を促進する技法として再定義し、本研究を行いたいと思う。

2. なぐり描き（Mess Painting）法とは

　「なぐり描き（Mess Painting）」法（以下、MP法と略）は、カナダの心理学者Luthe, W.が開発した技法である（Luthe, 1976/1981）。なぐり描きを用いて人の心理的成長を引き起こすことを目指している。これまで臨床場面では

Winnicott, D. W. のスクィグル法 (Winnicott, 1971/2011)、Naumburg, M. のスクリブル法 (Naumburg, 1966/1995) が知られているが、これらは簡単ななぐり描きの線を引いてそこに心的内容を投影して絵を描くというもので、なぐり描きそのものを重視するMP法とは大きく異なっている。MP法の具体的なやり方は次の通りである。

以下、「セッション」という言葉を使うが、セッションとは調査協力者がなぐり描き専用の部屋に来て、自由ななぐり描きを行う約1時間の作業のことを指す（以下、セッションは、S.と略）。

①絵の具と筆を用意し、新聞紙にできるだけ大きく何も考えずになぐり描きをする［図2-1（口絵）参照］。約2分間で新聞紙2ページ大の80％位を埋めるようにする。それを1S.で15枚描く。②1週間にそのS.を4回行う。従って1週間で60枚のなぐり描きをすることになる。③それを6週間継続する。従って、トータルで360枚のなぐり描きをすることになる。④3週目からなぐり描きの延長上で、自分が描きたいと思った要素を少しずつ入れていく (Luthe, W.はこれを自己進化的描画と呼んでいる)。自己進化的描画を描く際には、最初からこういうものを描こうと思わず、なぐり描きをしながら心の中に自然に出てくるイメージに従って描く。第3週では、自由ななぐり描きを10枚描いた後に、1枚だけ自己進化的描画を描いてもらい、その後、5枚自由ななぐり描きを描いてもらう。⑤第4週では、10枚自由ななぐり描きを描いた後で、自己進化的描画を1枚、さらに自由ななぐり描きを5枚描いた後で、自己進化的描画を

［図2-1］　なぐり描き用のキャンバス

30 第Ⅰ部 本研究の問題、目的

1枚描いてもらう。すなわち、第4週では、1S.で自由ななぐり描き15枚と自己進化的描画を2枚描いてもらうことになる。⑥第5週以降は、自由ななぐり描き5枚を描いた後で、自己進化的描画を1枚描いてもらい、それを3回繰り返してもらう。

　従って、第5週以降は、1S.で自由ななぐり描きを15枚と自己進化的描画を3枚描いてもらうことになる。⑦自己進化的描画の合計枚数は、第3週（1枚×4S.）＋第4週（2枚×4S.）＋第5週から第6週（3枚×4S.×2週）＝36枚ということになる。⑧週1回2時間程度、S.とは別に時間をとって面接を行う。原則として、その週の第4S.が終わった後、次の週の第1S.が始まるまでの間に面接を行う。面接では、なぐり描きのやり方に関する質疑応答、1週間での心理的変化や自己進化的描画についての話し合いを行う。

　また、後でも述べるが、MP法は抑圧を緩め、普段は意識化されていない心的素材に触れさせる可能性があるので、参加者のフォローを確実に行わなければならない。特に描画S.中は調査者は立ち会わないので、何かあったときにはすぐに調査者と連絡が取れるように、調査者の連絡先（電話、メールアドレス）を伝え、いつでも連絡をしてもらっていいことを伝えた。また、週1日の面接が、都合でできない時には、電話、メール等で連絡を取り合い、心身に変調が起きていないかを確認した。

3. 描画の方法

　「2. なぐり描き（Mess Painting）法とは」で、大体説明したので若干の補足をする。なぐり描きは意図的操作（垂直線やあるパターンの反復、円・三角等の意図的形態の使用、紙の外へ筆が出ない、色の偏り等）を加えずにやることが重要である［図2-2、図2-3参照］。また、自己進化的描画は、最初は意図的要素をできるだけ減らし、なぐり描きをしながら自分がこうしたいと思った要素を少しずつ入れることが大切である（最初は、赤系統で塗り潰そうとか、青と黒で曲線を描こうというようなシンプルなイメージが現れ、次第にある程度具体的イメージが表れることが多い

［図2-4（口絵）参照］）。［図2-4］は、最終セッションで描かれた「光の粒子」と名付けられた自己進化的描画である。光の粒子が下から上へ舞い上がっている様子が描かれている。

4.「自我のための退行」と「なぐり描き(Mess Painting)」法

以上の手続きから分かるように、MP法は、①なぐり描きの段階、②自己進化的描画の段階、③面接の段階に分けられる。①では意識的な計らいを捨て、できる限り何も考えずなぐり描き（以下、「自由ななぐり描き」とする）を行う。それを繰り返すことによって、描画中の自我の統制は弱くなり、現実的合理的思考からの離脱、抑圧の低下、意識水準の低下などが生じる。そのような状態の中で、眼前の色彩にも刺激され、普段はあまり意識に上ってこない心的素材（さまざまな欲動、情動、感覚など）に

［図2-2］ 不適切ななぐり描き

［図2-3］ 適切ななぐり描き

［図2-4］ 自己進化的描画（光の粒子）

触れ易くなる。②では、そうやって近づいた心的素材を描画を通じて表現する。その時に重要なのは、浮かんできたイメージを、超自我の検閲や自我の防衛による加工を避けて、そのまま定着することである。この①と②は合わせて、Kris (1952/1976) の言うRISEを人為的に引き起こす段階だと考えられる。①は、Kris, E.の言う「霊感的な段階 (inspirational phase)」に相当し、②は

32 第Ⅰ部 本研究の問題、目的

「推敲の段階 (elaborational phase)」に相当すると考えられる。Gill & Brenman (1959) は、RISE は、「弱い自我ではなく強い自我の証である。あるいは退行の深さと長さを自我全体でコントロールしている間に自我が部分的に退行する能力を持っていることの証である」と述べており、この技法を適応するには、そのようなある程度強い自我を持っている必要がある。また、「自我のための」退行は、「自我に対するエネルギー充填の役割を果た」したり、感覚や感受性を豊かにする (馬場, 1981) などの適応的な働きを持っているが、MP 法においても、RISE のそのような機能が有効に働くと考えられる。

　また、Jung 心理学の観点から言うと、直線や図形などの意識的な統制を受けた線を描かずに、何も考えずになぐり描きすること、そしてなぐり描きの延長上で自分の要素を少しずつ入れることは、無意識内容に出会う際に Jung, C. G. が述べている「意識は無意識内容からその表現手段を借り…意識はそれ以上のものを与えようとしてはならない。無意識の内容を意識の方向に沿ってねじ曲げてしまう恐れがあるからである。内容と形式に関しては、無意識からやって来る着想にできる限り主導権を委ねるようにする」(Jung, 1957/1996) という方法論と通じるものがある。

　さらに、この技法は、Jung (1957/1996) の能動的想像の技法とも似通ったところがある。Jung, C. G. は能動的想像に際し「患者の多くは、批判的な注意力をしばしば緩めることによって、随時、自由に空想を『わき上がらせる』能力を備えている。…（こうした能力は訓練によって引き出すことができると述べた後で）その訓練とは、まず秩序だった練習によって批判的な注意力を閉め出し、それによって意識の空白状態を作り出して、潜在的な空想が浮かび上がりやすいようにしてやるのである」(Jung, 1957/1996)。ここで Jung, C. G. が言っている、「秩序だった練習によって批判的な注意力を閉め出し、それによって意識の空白状態を作り出して潜在的な空想が浮かび上がりやすいように」するのが、何も考えない自由ななぐり描きの段階と自己進化的描画の段階と言っていいだろう。

5.「なぐり描き(Mess Painting)」法の特徴について

　本法は描画臨床の領域における他の技法と比べ一般的ではない。例えば、新聞紙を使用すること、週4回6週間という気力・体力を必要とすること、絵の具・新聞紙というRISE促進的な画材を使用することなどである。新聞紙を使用することは描くということに対する抵抗を弱めるためになされるものであり、週4回という頻度には、集中的なS.が退行を促進させるという前提がある。これらの仕掛けが本法をよりRISE促進的な技法としていると思われる。しかし、MP法のRISE促進的な側面は、臨床群に適用する際には慎重に考えなければならない。集中的なRISE促進的なS.によって接近した心的素材に脅かされたり、それを統合できない場合も十分に考えられるからである。その場合は、S.の回数を通常の心理療法と同様に週1回に減らしたり、セラピストが立ち会う場所でなぐり描きをしてもらうなどの工夫が必要だろう。

　また、臨床群でなくとも、本法は、普段あまり意識していない欲動、情動に触れさせる為、調査協力者を心理的に動揺させることがある。従って、本研究では、本法に興味を示した、特に心理臨床的問題を持たない者を調査協力者とした。

6.「なぐり描き(Mess Painting)」法の従来の研究

　この技法は、研究者に多くの労力を強いる為、手掛けた研究者は少ない。Luthe (1976/1981) は、創造的活動に関する報告数が、統制群との間に有意差があったと報告し、扇田・畠山 (1978) の研究は、調査協力者6名の内、1例で、開放性、想像性、活動性が増大、抑制が減少し、2例で、想像性が増大、抑制が減少したと報告している。また筆者 (伊藤, 1992) は、本法の施行前後にロールシャッハ法を施行し、調査協力者が外的情緒刺激に対して、より内的資質を関与させて事物を認知するようになったことを報告している。さらに

34　第Ⅰ部　本研究の問題、目的

筆者（伊藤, 1995a；2001；2005a, b；2010a, b；2012b）は、この技法をRISEを促す心理的技法としてとらえ、そのRISE促進的効果を事例研究を通して研究してきた。MP法に関する少ない研究から、この技法が個人の心理的成長を促すことは分かってきたが、RISEという観点からこの技法にアプローチした研究は少ない。

7. 本研究の目的Ⅱ

　芸術家だけに特異的に認められるとされていた「自我のための退行」はその後の研究によって、「適応的退行」として、一般の人にも起こりうるものであるとされるようになってきた。本研究では、MP法を通して、「自我のための退行」を促進することができるかを、また、そのプロセスが具体的にどのようなものであるかを、一般青年、美術専攻大学院生を対象にして、詳細に検討することを目的とする。第6章では、この技法のRISE促進作用とそのプロセス、また、RISE促進作用によってもたらされるものについて詳しく知る為、まず一般青年の4つの事例を取り上げ、面接経過・描画の変化・ロールシャッハ法の変化（1例）を分析・検討する。さらに第7章では、MP法のRISE促進作用がうまく機能しなかった事例を取り上げ、その原因と本法を施行する際の問題点について検討する。最後に、第8章では、美術専攻大学院生3名の事例を取り上げ、一般大学生とのRISEの有り様の違い、特徴、またRISEの進展と創作との関連について、ロールシャッハ法の変化も考慮に入れて検討する。

第II部

ロールシャッハ法を用いた研究

第3章

美術専攻大学院生の
「自我のための退行」について

1. 目的

　第1章から、芸術家（美大生）は一般群と比べて、より多くの一次過程を産出する、あるいは、量は変わらないが、一次過程的反応において形態水準が高いという、異なった結果が出ていることが分かったが、本研究ではそれを確かめるために以下の研究を行う。まず、対象者を美術専攻大学院生と一般大学生として調査を行い、美術専攻大学院生の自我機能を、RISEの観点から検討することを目的とする。具体的には、両群のRISEの様相を比較するため、ロールシャッハ法を用い、Holt（1977）に従って分析する。その上で、両群での①一次過程的反応の量的比較、②従来検討されていなかったサブカテゴリーの比較、③一次過程的反応に加えられたコントロールと防衛の比較を行い、美術専攻大学院生のRISEの様相を細かい点で明らかにする。

2. 方法

2-1. 被検者

　一般大学生（General Students：以下G・S群と略）21名（男14名、女7名　20〜23歳　平均21.4歳）、美術専攻大学院生（洋画専攻　Art Students：以下A・S群と略）21

38　第Ⅱ部　ロールシャッハ法を用いた研究

名（男14名、女7名　22～32歳　平均25.5歳）について調査を行った。

2-2. 使用するもの
ロールシャッハ図版。ストップウォッチ。記録用紙。

2-3. 手続き
2-3-1. ロールシャッハ法の施行
ロールシャッハ法はKlopfer法（Klopfer, 1954 ; 1956）に従って実施した。

2-3-2. インタビュー
　ロールシャッハ反応の解釈の参考にするため、美術専攻大学院生には創作時の心理状態・心理プロセスや作品の成立過程に関する質問を行った。

2-4. データの整理方法
2-4-1. 両群のロールシャッハ法の一般カテゴリーの比較
　両群のロールシャッハ法のlevel1反応の比較をする前に、ロールシャッハ法の一般カテゴリーで差があるかどうかを確認しておく。総反応数、W、W%、主決定因、CR、（Ⅷ＋Ⅸ＋Ⅹ）/R、A%、F%、W:M、M/W、M:SumC、SumC/M、平均形態水準を比較してみた結果が［表3-1］である。なお、2回とも出てこなかった決定因は省略してある。

　5%水準で有意であったのはcF、CFsym、FCsym+CFsym+Csym、CRの4つのみであった。いずれもA・S群が多かった。cFは、G・S群では、ほとんど出ていないが、A・S群では0.76と半数近くは出している計算になる。cFは分化していない濃淡の明細化であるが、A・S群は、美術専攻大学院生という性質上、色彩の濃淡に関しては一般の学生よりは感受性が高いと思われる。cの解釈仮説である愛情欲求の問題は、今回の結果に関しては、関係がないと推測される。CRは、11.33と9.29と約2つ差があった。色彩や形態を普段から取り扱い、ものを見るということを専門としているA・S群で

第3章　美術専攻大学院生の「自我のための退行」について　　39

[表3-1]　A・S群、G・S群のロールシャッハ法の一般カテゴリーの比較

N	芸大院生		一般大学生		t値
	21		21		df = 40
	平均	SD	平均	SD	
R	20.76	10.27	17.95	6.94	1.04
W	13.43	4.95	11.90	3.88	1.11
M	4.05	1.56	3.95	2.11	0.17
FM	2.10	1.51	2.48	0.98	-0.97
m	0.48	0.93	0.29	0.64	0.77
M+FM+m	6.62	2.48	6.71	2.95	-0.11
Fc	2.38	2.16	1.71	1.62	1.13
cF	0.76	1.30	0.10	0.30	2.29*※
c	0.05	0.22	0.00	0.00	1.00
F	6.14	5.68	6.05	3.73	0.06
FK	0.48	0.75	0.19	0.40	1.54
KF	0.10	0.30	0.14	0.48	-0.39
K	0.00	0.00	0.00	0.00	—
FC'	0.57	0.81	0.38	0.50	0.92
C'F	0.00	0.00	0.14	0.36	-1.83
C'	0.00	0.00	0.00	0.00	—
FCsym	0.19	0.51	0.19	0.40	0.00
FC	1.43	1.60	1.19	1.33	0.53
CFsym	0.38	0.67	0.00	0.00	2.61*※
CF	1.43	1.54	1.05	0.97	0.96
Csym	0.24	0.54	0.10	0.44	0.94
C	0.00	0.00	0.00	0.00	—
FC+ CF +C	3.67	2.78	2.52	2.04	1.52
FCsym+CFsym+Csym	0.81	0.87	0.29	0.72	2.12*
A	7.00	4.57	6.95	3.49	0.04
CR	11.33	3.26	9.29	2.37	2.33*
SumC=(FC+2CF+3C)/2	2.98	2.33	1.88	1.48	1.82
（Ⅷ＋Ⅸ＋Ⅹ）/R	0.31	0.06	0.35	0.09	-1.87
W%=W/R	0.69	0.18	0.70	0.19	-0.13
A%=A/R	0.33	0.12	0.38	0.12	-1.43
F%=F/R	0.26	0.12	0.32	0.16	-1.40
M/W	0.34	0.18	0.34	0.19	-0.27
SumC/M	0.89	0.82	—	—	※※
平均F.L.	1.80	0.43	1.74	0.25	0.54

*p<.05

※cF、CFsymについては、分散が等しくないと仮定した2標本による検定を行った。自由度
　はそれぞれcF(df=22)、CFsym (df=20)。
※※一般大学生群でSumC/Mが算出できなかったのは、Mが0の被検者がいたためである。

40　第Ⅱ部　ロールシャッハ法を用いた研究

多かったのは納得できる結果である。FCsym+CFsym+Csymは0.81と0.29
と約0.5の差が見られる。これは、色彩を用いて象徴的な反応をするもので、
A・S群の方が多かったということである。これは、後のA・S群の形式面の
level1の特徴と関わっているので、後で合わせて考察することにする。

2-4-2. 退行の指標の設定とそのスコアリング

　まず、Holt（1977）に従い、各群の反応から内容面・形式面のlevel1反応を
選び出した。なお、各記号の次にある数字1がlevel1であることを示してい
る。そして、level1反応の数を退行の指標として、その総反応数を算出した。
また、もともとlevel1でなかった反応を、被検者が自由反応段階あるいは質
問段階で、変更したり修正したりするうちに、level1の要素が出てくる場合
がある。例えば、「これは指ですね。……というより男性の性器みたいですね」
（L1Sがスコアされる）とか、「毛皮を着た兎です。（自由反応段階）……毛皮とい
うより羽の生えた兎です。（質問段階）」（C-co1がスコアされる）のような場合で
ある。このような反応は数は少ないだろうが、退行のプロセスをある程度
はっきり示しているので、それを第2の退行の指標とした（このような反応を、
本書では「同一反応内での退行：regression in the same response」と呼ぶことにする。以下
RISRと略）。

2-4-3. level1反応に加えられたコントロールと防衛のスコアリング

　退行が「自我のための」適応的なものであるためには、level1に適度なコ
ントロールあるいは防衛が加えられていなければいけない。コントロールの
最もはっきりした指標としてまず、形態水準を用い、Klopfer（1954；1956）
に従って各level1反応の形態水準を算出した。計算方法は、まず内容面・形
式面それぞれのlevel1反応について形態水準を出し、各人の平均形態水準を
算出した。それを用いて、各群内でのlevel1の平均形態水準を出した。さら
に、level1に加えられた形態水準以外のコントロールと防衛を、Holt（1977）
に従って分類し、その反応数を算出した。

3. 結果

3-1. A・S群、G・S群における内容面・形式面のlevel1総反応数

内容面のlevel1反応総数が1以上の者は、A・S群14名、G・S群4名でA・S群の方が多かった（p<.01、x^2-test）。形式面のlevel1反応の総数が1以上の者は、A・S群21名、G・S群16名でA・S群の方が多かった（p<.05、x^2-test）。

3-2. 両群におけるRISRの比較

両群ともRISRを出した被検者は少なかった。反応数が1以上あったものはA・S群6名、G・S群0名で、A・S群の方が多かった（p<.05、x^2-test）。また、A・S群のRISRの9個の反応のうち、性的衝動への退行を示したものが2つ、形式面での退行を示したものが7つ（すべてC-co1［非現実的なイメージの合成］）であった。

3-3. 両群における内容面・形式面のlevel1反応の形態水準

内容面のlevel1の平均形態水準は、A・S群2.9（SD = 0.83、n = 14）、G・S群2.1（SD = 0.75、n = 4）であった。G・S群の人数が少なかつたため、*t*-testは有意差を示さなかった。

形式面のlevel1の平均形態水準は、A・S群では、1.9（SD = 0.98、n = 21）、G・S群では、2.1（SD = 0.56、n = 16）で、*t*-testは有意差を示さなかった。

3-4. 両群における内容面・形式面のlevel1反応のサブカテゴリーの比較

内容面・形式面のlevel1の各サブカテゴリーについて、反応数が0の者と、1以上の者に分けて、両群間でx^2-testを行った結果が［表3-2］、［表3-3］である（該当者がいないカテゴリーは省略した）。

3-5. 両群におけるlevel1反応に加えられたコントロールと防衛の比較

形式面のlevel1に加えられたコントロールと防衛の種類を分類して、反応

42　第Ⅱ部　ロールシャッハ法を用いた研究

[表3-2]　内容面での level1 反応数 ≧ 1 の被検者の数

	スコア	A・S群(n=21)	G・S群(n=21)	x^2-test
	L1O,A,H,M	5	1	n.s.
L1	L1S	7	0	＊＊
	L1E-V	8	0	＊＊
	L1 の総反応数	11	1	＊＊＊
Ag1	Ag1A,V	4	2	n.s.
	Ag1R	4	2	n.s.
	Ag1 の総反応数	4	4	n.s.
	Level1 の相反応数	14	4	＊＊

＊…5%水準　＊＊…1%水準　＊＊＊…0.1%水準

[表3-3]　形式面での level1 の反応数 ≧ 1 の被検者の数

	スコア	A・S群(n=21)	G・S群(n=21)	x^2-test
	C-ctm1	3	0	n.s.
C1	C-int1	5	3	n.s.
	C-co1	12	6	＋
	C1 の総反応数	15	8	＊＊＊
	C-arb1	1	5	n.s.
	Sym-C1	6	1	n.s.
Sym1	Sym-S1	4	1	n.s.
	Sym-I1	5	1	n.s.
	Sym1 の総反応数	10	2	＊
	AuLg1	2	1	n.s.
	CtrL1	3	2	n.s.
	VQ1	2	4	n.s.
	AuEl1	1	1	n.s.
	S-R1	6	0	＊ (注1)
	F-Msc1	3	0	n.s.
	level1 の総反応数	21	16	＊

(注1) 反応数 2 以上と 1 以下に分けた。

＋…10%水準　＊…5%水準　＊＊＊…0.1%水準

第3章　美術専攻大学院生の「自我のための退行」について　　43

[表3-4]　形式面の level1 に加えられたコントロールと防衛

スコア		反応数が1以上の被検者の数		x^2-test
		A・S群（n=21）	G・S群（n=21）	
Succession		3	4	n.s.
Delay		8	2	n.s.
Reflection		5	11	＊
Context	cultural	1	1	n.s.
	esthetic	8	2	n.s.
	intellectual	0	1	n.s.
	humorous	0	1	n.s.
Context の総反応数		8	4	n.s.
Pathological defense		2	1	n.s.
No defense [注1]		11	2	＊[注2]

（注1）No defense とは、いずれのコントロールと防衛のカテゴリーもスコアされない反応を指す。
（注2）反応数 2 以上と 1 以下に分けた。
＊…5％水準

[表3-5]　内容面の level1 に加えられたコントロールと防衛（A・S群）

スコア		反応数が1以上の被検者の数
Succession		1
Delay		3
Reflection		3
Remoteness	ethnic	4
	animal	3
	depicted	3
	time	1
	fiction	1
Remoteness の総反応数		10
Context	cultural	3
	esthetic	4
	intellectual	0
	humorous	0
Context の総反応数		6
Pathological defense		3
No defense		7

（注）内容面の level1 を出したのは、A・S群 21 名中 14 名である。

44　第Ⅱ部　ロールシャッハ法を用いた研究

数が1以上のものと0のものとで分けて、x^2-testを行った結果が[表3-4]である。内容面のlevel1は、G・S群ではほとんどなかったため、A・S群のコントロールと防衛の種類を分類した[表3-5]。さらに詳しく内容面のlevel1に加えられた、A・S群のコントロールと防衛を調べてみると、効果的なコントロールと防衛は、LISの反応数10のうち3、LIE-Vの反応数11のうち9(Cx. 6、R-time 1 R-eth 2)であった。共に、該当者がいないカテゴリーは省略した。

4. 考察

4-1. 両群における内容面・形式面のlevel1の総反応数および形態水準の比較

　まず、内容面・形式面共にlevel1総反応数はA・S群の方が多く、A・S群は一次過程に退行しやすいという結果が出た。これは従来の研究結果と一致する。また、形態水準は形式面のlevel1反応では、両群に差はなかった。しかし、A・S群の平均1.9は、平凡反応の形態水準1.0と比べるとかなり良好であり、形式面での退行は自我の統制下にあると言えるだろう。内容面のlevel1反応では、G・S群の数が少なかったため両群で差は出なかったが、A・S群の平均形態水準の2.9は非常に高く、A・S群の内容面での退行も自我の統制下にあると言うことができる。

　以上からA・S群の方がより自我の統制下にある退行を行いやすいということがわかったが、両群で退行の様相が具体的にどのように異なっているのだろうか。その点を明らかにするために、①RISRについての分析、②③level1反応のサブカテゴリーについての詳細な分析、④level1に加えられたコントロールと防衛についての詳細な分析、を試みることにする。

4-2. 両群におけるRISRの比較

　RISRを出した被検者は両群とも少なかったが、A・S群の方がRISRを出しやすいことがわかった。興味深いのは、RISRの9個の反応のうち、より

プリミティブな性的衝動への退行を示しているのは2つだけであり、他はすべてC-co1（非現実的なイメージの合成）という形式面の退行を示しているということである。いくつか例をあげると、「〔自由反応段階〕象のような感じ。〔質問段階〕動物の顔。豚と人の顔の半々」（Ⅶ図両側の中央のD）、「〔「真ん中から分かれて、人間が2人両側にいる」という1番目の反応を出した後で、2番目の自由反応として〕羽の生えた動物か鳥に見える。……〔質問段階〕両手両足は前の人間と同じ。半分人間、半分鳥のような」（Ⅰ図W）、「〔自由反応段階〕竜と火。〔質問段階〕ここは火にも竜にも見える。炎と竜が一体化したものかもしれない」（Ⅸ図上部と中央部のD）、「〔自由反応段階で1番目に「蝙蝠」、2番目に「悪魔」を出した後、質問段階で〕蝙蝠はじっくり見ていると（悪魔と）合体している感じ」（Ⅰ図W）などである。ある反応とその前の反応の境界が曖昧になり、新しい合成イメージが作り上げられたり、自由反応段階で別々の知覚であったものが、質問段階で境界を失って合成されたりしているのが特徴的である。A・S群は、G・S群より、退行することで個々のイメージの独立性が曖昧になりやすいと言えそうだが、RISRは、A・S群21名中6名しか出していないので、これだけで一般的傾向を言うことはできない。しかし、イメージの独立性が曖昧になりやすいという特徴は、後に述べる形式面のサブカテゴリーの分析でより明らかになるだろう。

4-3. 両群の内容面のlevel1反応のサブカテゴリーについての分析

　内容面のlevel1に関しては、L1E-V（裸体への言及）、L1S（性器への直接的言及）、L1の総反応数（性的衝動のlevel1反応〔L1O、L1A、L1S、L1E-V、L1H、L1M〕の合計）という性的衝動にかかわるカテゴリーでA・S群が多く、Agl（攻撃的衝動のlevel1反応〔AglA、AglV、AglR〕）に関するカテゴリーについては、両群で差がなかった。したがって、両群の内容面でのlevel1反応の総数の差は、性的衝動の量の差と考えてよいだろう。さらに、両群の個人内で、level1の性的衝動と攻撃的衝動の割合がどうなっているかを調べてみた。A・S群では内容面のlevel1を出した14名のうち、11名が〔L1の総反応数〕＞〔Aglの総反応数〕を示

した。G・S群では内容面のlevel1を出した4名のうち、［Llの総反応数］＞［Agl
の総反応数］を示したのは0名であった。また、level1とlevel2を合わせた場合
で、L＞Agを示す者の割合を調べてみたところ、A・S群10名、G・S群1
名（p<.001、x^2-test）でA・S群の方が多かった。A・S群では、いずれのレベル
でもL＞Agは約半数おり、G・S群では1人いるかいないかということにな
る。反応数が多いことが、そこに現れる衝動が優勢であることを示すと考え
てよいならば、A・S群はよりプリミティブな性的衝動に退行しやすいだけ
でなく、G・S群より、性的衝動が攻撃衝動よりも優勢であるということに
なる。以上のような事実から予測できることは、プリミティブな破壊的な攻
撃衝動への退行はおそらく創作とは結びつかないこと、そして、プリミティ
ブな性的衝動への退行から、社会化された性的衝動に至る性的衝動全般が、
A・S群の創作とかかわっており、A・S群を創作へと駆り立てる一種のエネ
ルギー、あるいは作品の内容になっているのではないかということである。
もちろん、両者の結びつきは単純なものではなく、その経路は複雑なものだ
ろうが、本章の結果からは、そのプロセスについてははっきりしたことは言
えない。

4-4. 両群の形式面のlevel1反応のサブカテゴリーについての分析

　サブカテゴリーで差のあったものを見ていると、形式面でのA・S群の退
行の特徴が浮かび上がってくる。彼らの形式面での一次過程への退行は、自
閉的な論理や、奇怪な言語化、知覚の流動性というような病理的なカテゴ
リーにおいて見られるのではなく、独特な象徴化（Sym1）とイメージの圧縮
（C1）、自分との関連づけ（S-Rl）、といった画家としての物の見方やとらえ方
と密接に関係したカテゴリーに見られる。

　例えば、C1の下位カテゴリーであるC-ctm1（2つの別々の知覚が融合したも
の）とスコアされたA・S群の反応（因みにG・S群ではこのスコアは1人も出してい
ない）には、次のようなものがある（以下反応例は、調査者の質問および質問段階で
の細かい明細化は省略。波線は形態水準以外のコントロールと防衛の要因。［　］のなかに

その要因が記号化されている。下線は筆者)。「〔自由反応段階で、Wで「2人の祈っている人」と、中央に「まがまがしい顔」を別個に出した後で〕……手足が小さくて、<u>小人み</u>たいなころんと丸いものが手を合わせて向かい合っている。後ろのまがまがしい顔が透けて見えるから、祈り。攻撃するために祈っている。<u>その前後の</u><u>物語を作ってしまいそう。</u>(F.L = 2.5)〔R-fic、Cx.E〕」(Ⅱ図)である。この反応は、同一レベルにありながら向こうにあるという不思議な物の見方を示している。この被検者A(具象絵画)は自分のある絵について、「これは、この部分が向こうにあってしかもこっちに盛り返してきたり。そういう同一レベルにあって、そうではないという絵です」と述べており、ロールシャッハ反応に現れた思考面でのlevel1反応と作品とが、密接にかかわっていることがわかる。他にC-ctm1の例として、「〔自由反応段階〕木の幹。……〔質問段階〕……この木と向こうにもう1本、いや、向こうではなくて、有り得ないけれども、2本の木が重なって<u>描いてある。</u>(F.L = 1.5)〔Cx.E〕」(Ⅳ図)がある。この被検者B(具象絵画)は、自分の創作のプロセスについて、「対象物を見ながら頭のなかで崩して、もう1回つなげる。それを絵にするとどうなるかな、と。心の内側にあるイメージを出すというのではない。多次元で物を見る。人間に見えていないものを見ようと思う。あっ、こういう描き方もあるのかというのをやりたい」と述べており、この反応も、そのような「見えていないものを見よう」とする物の見方と密接なかかわりがあることがわかる。

　C-int1(複数のイメージが、同時に同じ場所に見え、どちらか決められない場合)とスコアされた反応には、「〔自由反応段階〕<u>何か漫画のキャラクターにも見える</u><u>し……全体で見たら顔にも見えるし……何か不思議な感じがしますね……耳</u><u>の大きな動物にも見えるし。</u>……〔質問段階〕白いところは黒いところを背景にして、おかっぱ頭のような女の子にも見える。……全部が<u>同じようなバラ</u><u>ンスでいろいろ見えるから不思議</u>〔R-fic〕」(Ⅶ図)「〔自由反応段階で、「神殿」と「土器」と「鳥の置物」を、それぞれW反応として出した後で〕部分的にも見られるし、面白い形。有機的な形と冷たい感じのするものが<u>重なりあって、それだけに</u><u>不思議な、</u>それでいて神秘的な感じがする。神殿は、動物の置物とかあるし、

48　第Ⅱ部　ロールシャッハ法を用いた研究

これは結構イメージが重なっていて」（Ⅱ図）などがある。彼らはイメージが重なっているという、現実の原則から外れた退行的な状況に葛藤的に巻き込まれるのではなく、「不思議な感じ」と述べて、その状況を受容し、それと同時に、ある程度距離をとった態度で反応に対している。これは Wild（1965）が創造的な群の退行について述べている、「（彼らの）統制されていない反応に対する態度は、楽しさと同時に何らかの距離とコントロールを含んでいるのである」という言葉とも一致する。

　C1 のなかでも特に多いのが C-col（非現実的なイメージの合成）である。RISR で出てきた例の他に、「〔自由反応段階〕カメレオンが2ついて、山があって山から手が出ている。これが大地で、これが海で、亀が海を支えているような図。原始人の世界観。〔質問段階は省略〕（F.L ＝ 1.5）〔Cx.C，Cx.E〕」（Ⅷ図）、「〔自由反応段階で、爬虫類と猿を別個に出した後で〕これは爬虫類と猿が複合したイメージがありますね。動きが止まってしまっていて、動物のイメージのモニュメントという感じ。〔質問段階は省略〕（F.L ＝ 3.5）〔Cx.E〕」（Ⅳ図）、「〔自由反応段階〕怪獣みたいのが威張っているところ。木みたいに見えるから森の精という感じ。狸みたいな顔をしている。……〔質問段階〕……木と一体化しているように見える。……（F.L ＝ 3.5）〔Cx.E〕」（Ⅳ図）などがある。そのほとんどが高い形態水準を維持し、他のコントロールと防衛の要因も働いており、自我のコントロール下にある反応と言えよう。このイメージの合成というカテゴリーは、退行することによって現実には別々に存在する物の境界を曖昧にして合成し、新たなイメージを造り上げることである。画家を目指す者にとって、今までになかった新しいイメージを獲得することは重要なことであり、そのためのプロセスの1つとして、C-col に示されるような退行のプロセスがあるのかもしれない。

　また、独特な象徴表現である Syml が多かった点であるが、両群の一般カテゴリーの比較において FCsym＋CFsym＋Csym の反応数が、A・S群の方が多かったこととも関係があると考えられる。これは、A・S群の方が色彩を用いた象徴反応をしやすいということである。このカテゴリーは、その象徴

第3章　美術専攻大学院生の「自我のための退行」について　49

反応が必ずしも level1 であることを示してはいないが、そもそも象徴反応を産出しやすい傾向がA・S群にはあることを示していると言えるだろう。A・S群の level1 の象徴表現の例をあげると、「〔自由反応段階〕図柄の男女……〔質問段階〕……男の人のなかの悪魔的部分が骸骨みたいな形で象徴されている（左上の赤）。骸骨の頭がボンと離れてあるから、こっちの（男の）内部を象徴するんじゃないか。トランプの構図みたいな図柄。……(F.L = 1.5)〔R-depicted〕」（III図）、「〔自由反応段階〕女の人が2人、井戸端会議している。……〔質問段階〕……話の内容がここに出ている（両脇の赤）。喋っていることというか。ここに（真ん中の赤）あるのが心と心がくっついている、気持ちがわかりあっていることかな、と。(F.L = 3.0)」（II図）、「〔自由反応段階〕キャバレーのショー。赤いのはステージの装飾。1950年代のアメリカ……〔質問段階〕……髪はショートボブで、白のパンティにハイヒール。首にテープみたいのを巻きつけている。……両脇が炎。真ん中にでかいリボン。真ん中で結んであって、ちゃんと影までついている。ショーのシンボルというか。このリボンからアメリカの陽気な部分を感じた。リボンからアメリカだと。(F.L = 5.0)」（III図）、「〔自由反応段階〕考える人の後ろ姿。ロダンのではない。考えているようで、深いところまでは考えていなくて……〔質問段階〕……カキ色にグリーンに、ピンクから脳天気（筆者註：何も考えていないこと）なものを感じた。この背景からもんもんとした苦悩は伝わって来ない。(F.L = 3.0)」（IX図）、後半の2例を出した被検者C（抽象絵画）は、この他にも特異な象徴表現をいくつか出している。彼は、「表面的でないところでいろいろ考えていることがある。私的な感情の葛藤や社会的・政治的な問題。そういった毎日感じている自分の、言葉では言い尽くせない部分をリアリティをもって画面に注ぎ込みたいと思う。……日頃感じたり、考えたり、見たり、聞いたりするのが自ずと筆から出てくると思う。そこに魂が見えるというのが理想」と述べている。彼は具象的な形態は用いずに、非具象的な形態と色彩を通じて上に述べたようなものを象徴的に表現しており、そのような創作プロセスは、反応に見られるこの被検者に特有の特異な象徴表現とかかわっていると考えられる。

50 第Ⅱ部　ロールシャッハ法を用いた研究

　A・S群は退行することによって、自分独自の象徴表現を掴みとり、それを自分の感覚とテクニックを用いて視覚化するのだろう。

　S-Rlは自己関与的表現をスコアするが、「〔自由反応段階〕自分が女性だとして、仰向けにねそべっているときに自分の裸を見渡す感じ。その向こうに何か立っている。……〔質問段階〕パースがきいていて、向こうが小さくなって見える。ヤンセンという人の絵で、裸の女性の足元から男が覆い被さるような絵があった。自分はその女性のような、縛られているようなイメージ。……(F.L＝3.0)〔Cx.E〕」（X図　中央部）、「〔自由反応段階〕ちょっと異次元のような。神殿を遠くから見つめているような。……〔質問段階〕三角形のところが塔の感じ。岩の奥にある塔。白いところは距離感を表す。道のようなもの。その上のところは階段。横のはけでぬったような質感が岩の感じ。幾重にも削りとられた、浸触された海辺の岩のよう。僕がここにいて、（下部の）赤があって、城が向こうにあるという感じ。(F.L＝4.5)」（Ⅱ図）などの例がある。これらの例を見てもわかるように、A・S群のS-Rlは、統合失調症のように知覚刺激と現実物を完全に混同したり、知覚刺激と自分の境界を崩してしまう病理的な退行（例「これは私の家族です」）ではない。知覚刺激と現実物の境界、知覚刺激と自分の境界を曖昧にしつつ、それに完全に巻き込まれずにコミットしているのである。このような退行のあり方は、A・S群が制作中に自分が描いている作品とかかわる仕方と、通じるものがあるかもしれない。また、外的な知覚刺激を自分を関与させて体験するという退行的な経験は、それが適度に行われれば、外界の刺激を生き生きと感じとることに繋がる。そのような事物の感じとり方は絵を描くものにとって、おそらく大切なことだと思われる。

　他に特徴的なものとして、「〔自由反応段階〕魔女。……〔質問段階〕祈っているような手。胸があるから女の人……できるだけ特徴的なところを特徴的な仕方でみた胸。この部分だけ上から見ているような(F.L＝-1.0)」（Ⅵ図　中央部）、「〔自由反応段階〕キリンの頭が2つ。……〔質問段階〕ぱっと見てキリン。よくみて説明がつかなくて、角の切り跡。でも、ここの角と、ここら辺とま

ぜてみるとはっきりキリンに見える。(F.L = -1.0→1.5)[Recovery]」(V図) などがある。前者はC-colを、後者はF-Msc1をスコアする。これらのlevel1反応は、いずれもマイナスの明細化となっているが、それは、A・S群の物の見方が、通常の知覚の法則を無視し、多視点で物を見ていることから生じている。今まであげてきた例に代表されるような、A・S群の形式面での退行の特徴は、現実的な物の見方にとらわれず、ときには独断的と思える仕方で物を見、感じとることにある。従来、芸術家の退行は、主として内容的な面、すなわち衝動への退行というレベルで論じられてきたが、内容面にもまして形式面でより彼らの退行の特徴が明らかになることがわかった。現実の知覚の形式的側面を無視した絵画というのは、例えばキュビスムの多視点の合成的な絵画、現代絵画のコラージュなどさまざまあり、絵画にも、一次過程的内容の絵画(リアルな性表現、攻撃衝動の表現がなされている絵画)と、一次過程的形式の絵画という名前を与えることができるかもしれない。

4-5. 両群におけるlevel1反応に加えられたコントロールと防衛の分析

　内容面のlevel1反応を出したG・S群の被検者が少なかったため、内容面に関してはコントロールと防衛の比較はできなかった。したがって、A・S群の特徴だけを見ていくことにする。

　内容面のlevel1反応の形態水準は2.9と高かった。ただし、これは性的衝動にかかわるlevel1反応(Ll)の平均形態水準が3.1と高かったためである。L1SとL1Mが同時にスコアされた例をあげると、「〔自由反応段階〕出産。……〔質問段階〕足を広げて横たわっている人(人の姿に1.5。姿勢の明細化に0.5)。ここが女性器(中央真ん中の少し色が薄くなっているところ。明細化に0.5)。ここがお尻のライン(中央真ん中にぼんやりと見える、曲線の横のライン。明細化に0.5)。間から何か出ているから出産(結合性に0.5)。……胎児というか人間の形になっていないやつ。まだ1ヵ月か2ヵ月のような。(F.L = 3.5)」(IV図W)、一方、攻撃的衝動に関わるlevel1反応(Agl)の平均形態水準は1.5であった。③の考察で、攻撃的衝動ではなく性的衝動がA・S群の創作とかかわっていることが

52　　第Ⅱ部　ロールシャッハ法を用いた研究

示唆されたが、両者の形態水準の差もこのことを裏づけているように思われる。なぜなら、創作に必要なのは形態水準に示されるようなコントロールの力だと考えられるからである。

　また、試みに、L1を出したA・S群の被検者11名の、level1以外の反応の平均形態水準を求めたところ1.8であり、L1反応とlevel1以外の反応の形態水準にも差があることがわかった（サインテスト　$p<.01$）。プリミティブな衝動の表示のない反応よりも、プリミティブな性的衝動を示す反応の方が、形態水準が高いのは興味深い。これは、Cohen（1961）の創造的な美術専攻大学院生群とそうでない美術専攻大学院生群との間で、一次過程を含んでいない反応の形態水準は、両者で差がなかったが、一次過程を含んでいる反応で、創造群の方が平均形態水準が高かった、という結果とも重なるものである。それは、性的衝動への退行が形態水準の引き上げというプラスの結果を引き起こしているからだと考えられないだろうか。衝動を単に自我のコントロール下に置くだけであれば形態水準は2.0程度で十分なはずである。Schafer（1958）は、RISEについて「退行が自我の興味（創造的・共感的な）のために役立ち、……適応的な観点から、生産的な仕事へと従う場合を『自我のための』と呼ぶ」と述べている。つまり、RISEは、生産的な結果をもたらすのであり、その生産的な結果が、この場合は形態水準の向上になっていると考えられるのである。ここで、形態水準の向上で示されるものが何であるかははっきり述べることはできないが、それがA・S群の創作にかかわっていることは確かだと思われる。

　また、A・S群内で、L1S、L1E-Vの平均形態水準を求めたところ、それぞれ2.7、2.9であった。両者の間には差が出なかったが、他のコントロールと防衛の要因で差が出ていることがわかる。L1E-Vでは、例えば、「ヤンセンの絵にあるような」「ブンダーリッヒみたい」「画像でコラージュしてある」のように自分が日頃慣れ親しんでいるcontextにもち込んで反応を受け入れやすくしている。ところが、L1Sになると、女性器について、「女性のイメージのようにも見えます」「女性の象徴のような……恥ずかしかったからそう

第3章　美術専攻大学院生の「自我のための退行」について　　53

言いました」など婉曲な言い回しを使った効果的でない防衛が目立つ。性器への言及をするL1Sは、裸体への言及をするL1E-Vよりもプリミティブな性的衝動を示しており、A・S群でも、より深い性的衝動への退行においては、防衛がうまく働かないことがわかる。

　形式面のlevel1反応を出した被検者も、G・S群では14人と少なかったため、統計的検定で両群に有意差が出たものは少なかった。有意差の出たReflectionは、反応プロセスについての内省と反応に対する批判を表している。これは、A・S群に特徴的なesthetic contextと比べて、コントロールと防衛としてあまり効果的でないように思われる。A・S群は形式面での退行を、日頃自分が使い慣れている文脈を用いることによって受け入れているのに対し、G・S群は反応を批判したり、反応プロセスを知的に述べることによって形式面での退行を受容せず、距離を取ろうとしているようにも思われる。また、No defense（いずれのコントロールと防衛のカテゴリーもスコアされない反応）は両群とも多い。A・S群で、形式面のlevel1反応の2分の1、G・S群で、3分の1はNo defenseである。これは、両群とも、衝動への退行と違って、形式面での退行には、防衛の必要をあまり感じていないからだろう。つまり、衝動への退行に関しては、防衛をしないと自我が脅かされ「自我のための」退行ができなくなるのに対し、形式面の退行は自我が脅かされる程度が小さいということなのだろう。A・S群の方がNo defenseが多くなっているのは、A・S群がG・S群と比べて、形式面での退行に受容的で防衛する必要を感じていないためだと考えられる。

5. まとめ

　A・S群はG・S群よりも内容・形式両面の一次過程の量が多く、退行しやすいことがわかった。コントロールはG・S群よりも優れているとはっきり言えなかったが良好であり、level1反応に対して受容的であることがわかった。A・S群の退行の特徴は、内容面では性的衝動への退行が著しく、

形式面では画家としての物の見方にかかわるカテゴリーでの退行が特徴的であった。

　本章では、美術専攻大学院生と一般大学生のRISEの有り様という観点から検討したが、美術専攻大学院生がどのようなスタイルの絵を描くのかについては考慮に入れなかった。画家は大きく分けて、具象画家と抽象画家に分けられるが、本章でも、具象絵画を描く学生と抽象絵画を描く学生がいた。具体的事物を描き写す具象絵画と存在しないものを描く抽象絵画では、RISEの有り様も異なると考えられるため、次章では、具象画家と抽象画家のRISEの有り様の違いを検討することとする。

第4章

抽象画家の
「自我のための退行」の有り様について

1. 問題

　第1章、第3章で述べたように、従来の研究では、芸術家はRISEしやすいことは実証されてきたが、芸術のスタイルが違うことによってRISEの有り様がどのように違うかは検討されてこなかった。芸術のスタイルの違いとは、彫刻、絵画、舞踊、音楽、建築などの芸術のジャンルの違いと、同じジャンル内でのスタイルの違い、例えば絵画における具象絵画と抽象絵画の違いなどである。

　第1章で述べたように、Dudek & Hall (1978-79) は、建築家にロールシャッハ法を施行し、彼らの作品を4つのスタイルに分け、スタイルごとにパーソナリティの有り様に違いがあるかを調べた。結果は、スタイルの形成には、より個人的でダイナミックな中心的イメージ、アイデア、創造的ヴィジョンが関わっており、パーソナリティの有り様が関わっているとした。また、Dudek & Marchand (1983) は、「絵画のスタイルは、パーソナリティ、即ち防衛、コントロール、エネルギーの調節といった安定したストラテジーの構造的な認知的－情動的システムとして定義される」ものであり「個人のパーソナリティの分析は個人の芸術スタイルに対する洞察を提供するであろう」と述べている。従って、パーソナリティの構成要因、自我機能の1つである

RISEの有り様と創作のスタイルについても関連性が予測されるが、両者の関係は未だ実証的に研究されていない。

本章では、同じ芸術内でのスタイルの違いを検討する。芸術のジャンルごとのRISEの比較は、RISE以外のさまざまな要因を含んでいるので統制して比較することが難しい。そのため美術において、はっきりとしたスタイルの違いとして定着している具象、抽象というスタイルの違いを扱うことにする。スタイルの違いによる、RISEの有り様の違いを検討することによって、芸術家のRISEの有り様にさらなる知見が加えられることが期待できるからである。

さて、抽象絵画は、1910年代にロシアのKandinsky, W.、オランダのMondrian, P.を創始者とする、絵画の一様式・方法論である（二見，1980）。抽象絵画は、具体的な対象を描き写さない、抽象的な線や面と色彩で画面を構成する絵画である。抽象的な画面で何を表現しようとするかは、抽象画家によってさまざまだが、いずれにせよ具象的なイメージによっては表現できないものを表現しようとするという点では一致している。

抽象画家と具象画家のRISEの有り様を調べることによって、抽象・具象という描画スタイルの差が生み出すRISEの有り様の違いについても新たな知見を得られることが期待される。

2. 目的・仮説

本研究は抽象画家と具象画家を被検者としてロールシャッハ法とインタビューを行う。抽象画家の自我機能をRISEの観点から検討し、具象画家と比較する。それによって、抽象画家のRISEの特徴的な有り様を明らかにすることを目的とする。仮説は以下のとおりである。

「抽象的・非具体的・非現実的なイメージを産出する抽象画家は、創作の際に現実原則からより離れた一次過程的な思考プロセスの世界に入り込むので、現実原則に則って具体的・現実的なイメージを再現する具象画家と比べ

て、RISEをし易いであろう」。

　仮説を検証する為に、両群のロールシャッハ法の結果をHolt（1977）に従って分析し比較する。それによって、抽象・具象画家のRISEの様相の違いを検証し、画家の創作に関するインタビューを踏まえながら、抽象画家のRISEと作品・創作過程との関わりについても検討する。

3. 方法

3-1. 被検者

　具象画家15名（平均年齢：46.5才　SD=7.73　女性8名　男性7名：Representational Paintersの頭文字を取り以下R群と略）、抽象画家15名（平均年齢：46.2才　SD = 6.00 女性5名　男性10名：Abstract Paintersの頭文字を取り以下A群と略）。本研究では、R群、A群いずれも、国内のコンクール展、展覧会で何らかの賞を取っているか、美術評論家、美術館の学芸員から「才能ある」と評価されている画家を対象とした。

3-2. 使用するもの

　ロールシャッハ図版。ストップウォッチ。記録用紙。ボイスレコーダー。

3-3. 手続き

3-3-1. ロールシャッハ法の施行

　ロールシャッハ法はKlopfer法（Klopfer, 1954 ; 1956）に従って実施した。

3-3-2. 創作に関するインタビュー

　画家の最近作を見せてもらいながら、画家の退行と創作のプロセスを探る為に、以下のテーマに関して半構造化面接を行った。①最近の代表作ができるまでの詳しい創作プロセス、②制作の方法論、③作品のテーマ、④制作の一般的なプロセス、等である。

58   第Ⅱ部　ロールシャッハ法を用いた研究

3-4. データの整理方法

3-4-1. 両群のロールシャッハ法の一般カテゴリーの比較

　両群のロールシャッハ法のlevel1反応の比較をする前に、ロールシャッハ法の一般カテゴリーで差があるかどうかを確認しておく。総反応数、W、W%、主決定因、CR、(Ⅷ＋Ⅸ＋Ⅹ)/R、A%、F%、W:M、M/W、M:SumC、SumC/M、平均形態水準を比較してみた結果が［表4-1］である。なお、2回とも出てこなかった決定因は省略してある。

　上記の表からも分かるように、両群で有意差があったのは、FC′のみであった。運動決定因にも、色彩決定因にも差は見られなかった。FC′は、具象画家群で0.8、抽象画家群で0.27であり、約0.5の差があった。FC′は確定的な形態に対する黒白灰色に関する言及だが、作家の用いる色彩による違いが関係しているのかもしれない。モノトーンの作品を作る画家は、FC′に対する感受性は、そうでない画家よりは高いだろう。しかし、今回の具象画家群は、抽象画家群と比べてモノトーンの作品を作る画家が多いということはなかった。この結果については、今後のさらなる検討が必要だろう。重要な点は、FC′以外では、両群で差がなかったという点である。ロールシャッハ法の一般カテゴリーでは、抽象画家、具象画家の違いを弁別することはできないということであり、level1反応の違いから抽象画家、具象画家の違いを見出そうとする本研究に意義を見出すことができると考えられる。

3-4-2. 退行の指標の設定とそのスコアリング

　Holt (1977) に従い、各群の反応から内容面・形式面のlevel1反応を選び出した。そして、level1反応の数を退行の指標として、反応数を算出した。

3-4-3. level1反応数の比較

　まず、level1反応数が1以上の被検者の数を求め、正確確率法によって検定を行った。上記の分析法で、有意差が出なかったカテゴリーに関しては、2以上反応数のある被検者の数、3以上反応数のある被検者の数、と順次1

第4章 抽象画家の「自我のための退行」の有り様について　　59

[表4-1]　具象画家と抽象画家のロールシャッハ法の一般カテゴリーの比較

	具象画家		抽象画家		t値
N	15		15		df＝28
	平均	SD	平均	SD	
R	30.07	10.09	31.80	13.96	-0.39
W	23.00	6.80	24.20	11.12	-0.36
M	7.60	4.48	8.13	5.25	-0.30
FM	4.07	2.05	5.60	2.97	-1.64
M	1.20	1.47	1.60	2.23	-0.58
M+FM+m	12.87	4.66	15.33	7.74	-1.06
Fc	2.33	1.84	3.20	2.76	-1.01
cF	0.07	0.26	0.00	0.00	1.00
C	0.00	0.00	0.07	0.26	-1.00
F	10.13	7.60	9.07	7.07	0.40
FK	0.33	0.62	0.67	0.90	-1.18
KF	0.13	0.35	0.07	0.26	0.59
K	0.00	0.00	0.00	0.00	—
FC'	0.80	0.77	0.27	0.46	2.30*
C'F	0.07	0.26	0.00	0.00	1.00
C'	0.00	0.00	0.00	0.00	—
FCsym	0.00	0.00	0.07	0.26	-1.00
FC	1.60	1.35	1.93	1.33	-0.68
CFsym	0.07	0.26	0.00	0.00	1.00
CF	1.53	1.30	1.07	1.39	0.95
Csym	0.00	0.00	0.07	0.26	-1.00
C	0.07	0.26	0.00	0.00	1.00
FC+CF+C	3.27	1.91	3.13	2.23	0.18
FCsym+CFsym+Csym	0.07	0.26	0.13	0.35	-0.59
A	10.13	4.31	10.13	5.08	0.00
CR	13.60	3.27	14.33	4.89	-0.48
SumC=(FC+2CF+3C)/2	2.50	1.61	2.17	1.73	0.55
（Ⅷ＋Ⅸ＋Ⅹ）/R	0.29	0.08	0.32	0.07	-1.14
W%=W/R	0.78	0.10	0.77	0.15	0.28
A%=A/R	0.33	0.09	0.33	0.11	0.17
F%=F/R	0.31	0.15	0.27	0.17	0.61
M/W	0.33	0.16	0.34	0.20	-0.06
SumC/M	0.45	0.39	—	—	—※
平均F.L.	1.65	0.30	1.57	0.32	0.69

*p<.05

※抽象画家群でSumC/Mが算出できなかったのは、Mが0の被検者がいたためである。

60 第Ⅱ部 ロールシャッハ法を用いた研究

ずつ反応数を増やし、10まで、正確確率法によって検定を行った。

4. 結果

4-1. level1の差の結果

まず、内容面のlevel1反応では、いずれのカテゴリーにおいても有意差が見られなかった。形式面のカテゴリーに関しては2種の結果が得られた［表4-2］。①反応数が1以上で検定した時に有意差がみられたカテゴリー、②反応数が3、4、10以上で有意差が見られたカテゴリーである。いずれもA群がR群より多かった。①はR群のほとんどが反応を出さなかったもので、両群のRISEの質的な差を表すと考えられる。一方、②はR群もその反応は出すが、量的に差が出ているもので、両群のRISEの量的な差を表すと考えられる。

4-2. インタビューの結果

インタビューの結果を表にまとめたもののうち、本研究の考察に関わる芸術家の作品の特徴、作品のテーマ、制作の方法論を表にして掲載する［表4-3］。

［表4-2］　形式面での設定基準以上のlevel1反応数の被検者の数

スコア	R群(n=15)	A群(n=15)	正確確率法	設定基準
C-co1	0	6	＊	反応数3以上
C1の総反応数	4	11	＊	反応数3以上
Sym1の総反応数	0	6	＊	反応数4以上
AuEl1	2	12	＊＊	反応数1以上
S-R1	0	6	＊	反応数1以上
level1の総反応数	0	6	＊	反応数10以上

＊…p<.05　＊＊…p<.01

第4章　抽象画家の「自我のための退行」の有り様について　　61

[表4-3]　抽象画家の作品の特徴、作品のテーマ、制作の方法論

抽象画家	作品の特徴	作品のテーマ　あるいは　制作の方法論
A	青や緑の色面に幾筋ものストライプの線が横に流れていくのが特徴である。「単純な構造なのだけれど…何かいい知れない深みのようなものにひかれる。…何か次元の超えたものを伝えたい。次元の違う所から降りてくる梯子が絵画性であり、僕のやりたいこと」	(作品のテーマ) 私自身が直感的に感じる…無意識層のさらにもっと奥にあるもの、それが自然や全ての生き物のまた奥底にあるものと必ず共通している。…私が描きたいのはそういう奥底にある共通共有する部分、またはその関係性である。 (制作の方法論) 抽象画家は、見えない部分をビジュアル化しようとする。…絵画というのは、究極まで突き詰めると、隠蔽するのが1つの魅力のように思う。二重構造になっているとか『何か直接的でないもの』がある魅力。それがずっと見ていて飽きない、多義性につながっていると思う。
B	生物がテーマだが、具体的な生物を描くのではなく、自ずと生まれ出てくる生物的なものが作品の特徴である。	(作品のテーマ) ある時何の為に生きるのか分らなくなり、生きるということを考えるようになった。絵にも宗教的な感覚が入ってきた。生物が成長していく仕組みに感動するようになって、力強さを感じるようになった。超越的なものを考えるようになった。最初から生と死を描こうというより、画面と格闘する中からそれが出てくる。 (制作の方法論) 偶然に出来た形が生物に見えるようになってきた。手を自由に動かして見えてくる形を拾い上げていく。
C	マーブリングという手法を用いて色を偶然に混ぜ合わせて、「カオス」=根源的な姿を表現している。一見すると非常に美しい抽象的な模様のように見える。	(作品のテーマ) 創作のテーマは「カオス」である。「カオス」は混乱ではなく、むしろそこに何かがあるような積極的な意味、発想がある。すべての始まりの最初に混沌があり、そこに世界・人間にとって根源的なものがある。
D	明るい色調で、植物を連想させる絵画である。所々に描かれた円形の形が印象的である。	(制作の方法論) 抽象的な線や面を描いているうちに何かが見えてくる。それが、頭の形でもあり、種のようなものでもあり、丸であったりとか、純粋に幾何学的な形態を描いている訳ではなく、いくつもの意味が重なって描きながら自分で物語を作ったりしている。それは見てもらう人にはあえて説明しないが。
E	非常に鮮やかな色彩がダイナミックに動いて見えるような作品である。	(作品のテーマ) 抽象的な画面を作っているうちに、途中からイメージみたいなものが見えてくる。森とか星空とか。自分の中の心の深くにあるパッションを出している感じ。浮かび上がってくるイメージは自分の心の中に眠っている風景、世界、地球、宇宙だと思う。 (制作の方法論) 抽象的な形と色を使って形を持たない自分の世界を象徴的に表現する。
F	具象とも抽象とも読み取れるようなある種得体の知れない形態を持った作品である。	(制作の方法論) 最初にしみみたいなものを作る。そのしみからどう見えるかを絵にしていく。しみから光を触発されたりして、新たにしみを描いていく。そういう中で出てくるのが光とか、私にとって心地よい絵画。何かに見えるか見えないか位の所を狙う。
G	柔らかな直線や曲線で囲まれた形態をいくつも重ねることによって不思議な感覚を呼び起こす作品である。	(作品のテーマ) 表面はフラット。フラットにすることで内面というか内側を見てもらいたい。表面は感情的なものは出ていないようにしているが、奥には潜んでいる。…抽象は、形のないものなので、何を描いているのではなく、感じ取ってもらいたい。重要なのは、表面ではなく内面であり、表面的な形によって、内面的なものを伝えようとしている。

＊作品のテーマと方法論は重なっている画家が多かったので同じ欄に記述してある。

62   第Ⅱ部　ロールシャッハ法を用いた研究

5. 考察

5-1. 内容面のlevel1で差がなかったことに関して

　攻撃的なlevel1は、両群ともほとんど出なかった。これは、第3章の美術専攻大学院生と一般学生を比較した研究で、攻撃的level1で差がなかった結果とも対応する。攻撃的level1は芸術家に特異的ではないということである。また、第3章では、性的なlevel1反応で両群に差が出たが、具象画家と抽象画家との間では差が出なかった。Pine (1959) は、欲動に方向付けられた思考が何らかの想像的プロセスのある局面を特徴付けるとしても、必ずしも創造的活動の最終的な産物に欲動内容が現れるとは限らない、としている。芸術家について語るうえで強調されてきた一次過程的内容（欲動）の大きさについては、スタイルの違いにおいては差が出なかったことは、「創造的活動の最終的な産物に欲動内容が表れるとは限らない」という言葉とも重なるところがあるだろう。

5-2. 形式面のlevel1反応の総反応数に関する考察

　level1反応数は、平均値でR群5.0 (計75) 個、A群13.0 (計195) 個であった。一般群のlevel1反応数は0か1なので (伊藤, 1993b)、R群であれ、A群であれ、芸術家は一般群と比べてlevel1反応を多く出すことが本研究でも確認された。また、反応数が10以上を基準にしたところ、R群0名、A群6名であった。A群はR群と比べ多くのlevel1反応を出すことも分ったが、level1反応がRISEであることを示す為には、第1章2節で述べたようにlevel1反応がどれだけコントロールされているかが重要である。その指標として最も重要なのは形態水準である (Holt, 1977)。そこで両群のlevel1反応を含む反応の形態水準をKlopfer法に従って算出した。まず、各芸術家のlevel1反応を含む反応の形態水準を評定し、各人の平均値を算出した。15名の平均値をもとにして各群の形態水準の平均を求めた。結果はA群で1.45(SD=0.68)、R群で1.53(SD=0.62)であった。両群で差はなく、値がそれほど高くないように思

われるかもしれないが、形式面のlevel1反応は本質的に現実原則を無視した反応なので、その明細化は－で算出されることが多い。前章では、美術専攻大学院生はlevel1の性的目標を持った反応によりコミットし、他の反応よりも形態水準が高くなることを明らかにした。本研究でも、形式面でのlevel1反応に対して芸術家は拒否的に受け取るより、積極的にコミットして反応の明細化をしようとする姿勢が見られた。level1反応による－の明細化があっても同等以上の＋の明細化が多かった為1.5をキープできたと考えられる。従って、両群のlevel1反応はコントロールの効いたものであり「自我のための」退行と言うことができよう。両群で形態水準に差が出なかったのは、両群とも「才能のある」と評価されている画家たちであり、RISEのし易さには差があっても、RISEをしたときには、両群ともコントロールを失わない自我の強さがあるということだろう。

　以上のことから、A群はR群よりRISEをし易いことが分かり、仮説を支持する結果となった。以下A群のRISEの有り様を詳しく調べる為にサブカテゴリーの結果を検討する。

5-3. 質的な差に関する考察

5-3-1. AuEl1について

　一番大きな差が出たAuEl1について考察する。AuEl1は、R群ではわずか2名、A群では8割の12名であった。AuEl1の例［表1-2の例を参照］は、現実検討力を失った精神病患者の例だが、「何らかの主題をもった、しばしば夢のようなファンタジーの存在。空想の産物で実現不可能な形態」がスコアリングの基準である。一方、AuEl2は「奇妙な非現実感を伴ってはいないが、不適切なテーマの明細化が加えられている反応」である。両者に共通するのは、「不適切なテーマの明細化」であり、AuEl1と2を区別するのは、「了解が難しい非現実性」が伴うかどうかである。この言葉は、芸術家に関して用いる時には、精神病的ではないが「芸術家独自のものの見方や世界観が反映された非現実的で一般の人には伝わらない」明細化と考えると分かりやすい。

64　第Ⅱ部　ロールシャッハ法を用いた研究

［表4-4］　A群の3名のAuEI1反応

A（42才・男性）

Ⅵ図（W）

(7) 真ん中のストンとしたラインが何かこの非常に宗教的啓示のようななんかそういった雰囲気で、光がひとすじすぱーんと降りてきて世界がこれから照らされつつあるような、なんかそういう状況にも見えてきますね。ちょっと宇宙的なすごい広がりのある空間の中で。［質問段階］真ん中のところが光がストンと降りて地上を、こっちが地上というわけではないんですけれども闇を照らすようなストンとした、その割には平板的でありながらちょっと空間ももちろんあるんですけれども、なんかこういったストンとしたイメージですね。バーネット・ニューマン…にもつながるようなストンとして啓示的な光 (Sym-I1)〔Cx-E+〕みたいなのが見えたという。感じたと言うところですかね、見えたと言うより。（宗教的な感じ？）啓蒙的、啓示的、まあ宗教的なニュアンスももちろん含めた感じですかね。はじめに光が来たというような、ここから世界が始まるというような。そんなこんなのイメージも全部ペニス（最上部のD　L1S）と連動していると思うんですが。〔Cx-C+〕（世界はこの辺というよりこっちの方にある？）この辺ではなくここから全体なんですけれども。（宇宙的な広がりのある空間というのはこの辺のこと？）むしろこれが広がっていくようなどんどんどんこう光がストンと落ちてそのあとこうどんどんどんどん横断的に伸びていくような感じですかね。

Ⅸ図（W）

(1) 数学の数式の、数式そのものではなく数式がもっている構造みたいななんかそういう風なイメージがふと湧いてきたような。すごいなんか計算されて構築されたものが何となく抽象的ですけれども見えてきます。(Sym-I1)［質問段階］シンメトリカルであり、下の構造があってその上にのってくるような3段階の積み重ねが数式的なイメージ、数式といっても無機的なものではなく非常に豊かであり、想像も連想させるような部分での数式というような意味なんですけれども。で1つの答えを導き出しているような何か、そんな何かひな形みたいなのがちょっと見えたんですが、見えたっていうか連想したっていう感じですけれども。（抽象的というか具体的なものでは全然ないわけですね？）むしろすごい知的でかっちりとしたっていうイメージが強かったり、それでいながら想像的な側面もある感じですね。〔Cx-I+〕

B（37才・男性）

Ⅵ図（W）

(2) 中央から外に向かって分裂を繰り返している。何か生まれてきそうだ。形だけ見ると。すごく宗教的な天辺に光を感じる。象徴的なものが飾れているというか、イメージ的にはすごく高貴。〔Cx-C+〕(Sym-I1) 天と地のように見えます。天地創造ですか。下の方から生物が生まれ出て、上の方は既に出来上がっている偉大な存在。形じゃないね。この表情が想像力を動かしてくれる。中を見ていると想像力がわいてくる。（生まれてくる？）この粒々が外に向かっている感じがする。中央からぼこぼここと何か生まれ出ている感じ。上の方を見ると、円形の光を感じ太陽をイメージしているような。生れ出てくるものは太陽があって光を受けて、いろんな植物、動物が育っていくストーリーを感じた。上の部分は太陽を表している。それが宗教的な感じ。太陽はすべてを見透かしている神のような存在。下には人々が暮らす生活がある。

C（51才・男性）

Ⅵ図（W）

(1) 何かのモニュメントに見えた。民族を象徴しているような、非常に土着性の強い、民族性の強いモニュメント。(Sym-I1)近代とは全く違う。土着性の強い。布系統のものを巻き付けたりしている。動物か何か分からないけれども、表皮というかそういうものを巻き付けたようなところもある。布以外に何の皮か、何を乾燥させたか分からないけど、生ものの皮をはいで、乾燥したものを巻き付けている。生土もかなりの量を使っている。半端な量じゃないくらい使っている。本当に素朴なモニュメント。〔Cx-E+〕僕が作っているモニュメントとは正反対のもの。とにかくあがめられているもの。またはあがめられるために作ったもの。この民族には崇拝されている。このモニュメントはこの民族にとって非常に必要なもの。必要性があって作った。もっと深い、もっと聖なるというか、なくてはならないもの。かなり大きなもの。民族にとってもっと根源的なもの。(Cx-C+) 自分たちのアイデンティティとして、それに気づいたんだと思う。非常に根の深い思想的なもの。前向きなイメージ。これを作り上げることによって、自分たちの生きる指針となるので。なぜこの民族がこのモニュメントを作ったのか理由を知りたいですね。

（注）A、B、Cの実際の反応はより長いものだったが、ここでは分析に関わる叙述に絞った。下線部はAuEI1の根拠を、（）がAuEI1以外のlevel1反応、〔〕がコントロール要因、破線部がコントロール要因の根拠を示す。なお、AuEI1の根拠が他のlevel1反応の根拠やコントロール要因と重なっている部分もある。その場合は、下線で示してある。

第4章　抽象画家の「自我のための退行」の有り様について　　65

　A群のすべてのAuEl1 を取り上げることはできないので、A群で多い順から8個、5個、4個のAuEl1反応を出したA、B、Cの例［表4-4参照］を挙げ、A群に特有のAuEl1反応の特徴を見ていきたい。以下に挙げる例は上記の2つのAuEl1の要件を満たしている。

　①抽象画家A

　Aの作品は、青や緑の色面に幾筋ものストライプの線が横に流れていくのが特徴である。それについてAは「単純な構造なのだけれど…何かいい知れない深みのようなものにひかれるんです。…何か次元の超えたものを伝えたい。次元の違う所から降りてくる梯子が絵画性であり、僕のやりたいこと」と語っている。つまり、具体的な事物では表せない深み、次元の超えたものが、Aのテーマであり、それを「次元の違う所から降りてくる梯子」と表現していることが興味深い。Ⅵ図はまさに「非常に宗教的啓示のような…雰囲気で、光が一筋すぱーんと降りてきて」おり、この光もまた次元の違った梯子から降りてきたものと言える。またA自身、自分の個展に寄せて次のように書いている。「私自身が直感的に感じる…無意識層のさらにもっと奥にあるもの、それが自然や全ての生き物のまた奥底にあるものと必ず共通している。…私が描きたいのはそういう奥底にある共通共有する部分、またはその関係性である」。この言葉はJung (1928b/1995) の言う普遍的無意識と通じるものであり、個人を超えた超越的な何かを求める志向性でもある。それが、宗教的な啓示の光が降りてくるという超越的なロールシャッハ・イメージを産み出したとも考えられる。インタビューでこのⅥ図の宗教的啓示について尋ねたところ、「絵を通して何かそうした存在、超越的なものを伝えたい」とA自身が答えていたことからも、このAuEl1は、Aの創作の根源にあるものとつながっていると考えられる。

　また、Ⅸ図のAuEl1は、「数式が持っている非常に豊かな構造」が表されたものである。一般人には、内容自体が抽象的で了解し難いが、逆に抽象画家が何を求めているのかが垣間見えるようでもある。Aに具象と抽象の違いを尋ねたところ「具象は対象を求めている。対象を充足させる。我々は対象

を見ながら奥にある内面を表現しようとする。見えない部分をビジュアル化しようとする。…五感全体で感じる雰囲気、感じることができる感覚、見えない内面性、そういったものの方が関心がある」と答えている。数式が持っている豊かな構造とは、まさに見ることができず、感じることしかできない感覚であり、見えない内面性であると言える。このAuEl1にも、Aの創作の志向性が反映されていると言うことができよう。

②抽象画家B

Bの絵画は生物がテーマだが、具体的生物を描く訳ではなく「偶然に出来た形が生物に見えるようになってきた。手を自由に動かして見えてくる形を拾い上げていく」という方法論である。まさにロールシャッハ法のしみから見えてくる形を探すのと似た退行的プロセスである。そして「ある時何の為に生きるのか分らなくなり、生きるということを考えるようになった。絵にも宗教的な感覚が入ってきた。生物が成長していく仕組みに感動するようになって、力強さを感じるようになった。超越的なものを考えるようになった。最初から生と死を描こうというより、画面と格闘する中からそれが出てくる」と語っている。BもVI図に宗教的な光を見出している。そして下部の真ん中の線に生あるものが生れ出てくるのを見ている。聖と生という対比的な世界である。Bの絵画のテーマである生物は、まさにこのVI図の真ん中から生まれ出てくるはっきりとした形をとらない生物と重なっている。上部に見出している宗教的な光は、Bの絵に出てくるようになった宗教的感覚、超越的なものを表しているのだろう。そう考えると、このAuEl1は、Bの作品とは形態は全く違ったものではあるが、そのエッセンスが語られていると考えていいだろう。

③抽象画家C

Cは、VI図に、ある民族にとって根源的な意味を持つモニュメントを見ている。Cの創作のテーマは「カオス」であり、マーブリングという手法を用いて色を偶然に混ぜ合わせて、Cにとっての「カオス」＝根源的な姿を表現している。「カオス」は混乱ではなく、むしろそこに何かがあるような積極

第 4 章　抽象画家の「自我のための退行」の有り様について　　67

的な意味、発想がある。すべての始まりの最初に混沌があり、そこに世界・
人間にとって根源的なものがある。それを知りたいという欲求があることを
強く語る。Ⅵ図のAuEl1は、Cの作品とは全く違う（Cの作品はカオスを表して
いるとは思えない色彩的に美しい抽象画である）土着的な根源性であるが、Cが求
める根源性が違ったレベルで表されたと考えられる。Cは作品を通して根源
的なものを知りたいと強く語るが、Ⅵ図のAuEl1でも、そのモニュメントが
まるでそこに実在するかのように、なぜこの民族がこのモニュメントを作っ
たのかを強く知りたいと願っており、この反応がCにとって大きな意味を
持っていることが分かる。

　以上のAuEl1反応はいずれも他のlevel1反応が伴い、よりlevel1寄りに
なっている。しかし、3人とも、この明細化にコミットし、時に畏敬の念を
抱き、時に不思議な感じを抱きながら、過度に反応に巻き込まれることなく
語っていた。この様子から、AuEl1で代表されるような退行の際にも才能の
ある抽象画家は、コントロールを失っていないことが分かった。

　以上のように、A群は自分の創作の根幹に関わるイメージを、より退行的
なlevel1の自閉的明細化という形で語ることが分かった。勿論、A群の全て
のAuEl1が、創作の根源にあるイメージを語っている訳ではない。しかし、
R群では見られなかったAuEl1に託して創作の根源のイメージを語るという
ことが、A群で見られたことは重要な発見だと言っていいだろう。小此木・
馬場（1962）は「他の芸術家と比べて、画家は図版に対する批評・批判が多く、
内容的に期待されるほどの想像力の豊かさや、創造性は著名に認められな
かった」と述べているが、本研究は、それとは大きく異なった結果を示して
いると言ってよいだろう。

　一方、R群は、具体的事物に自分の世界観を託すので、それを語るのに現
実原則から離れたlevel1の自閉的明細化を必要としない。ロールシャッハ法
は、不定型な意味の定まっていない形態であり、抽象画家にとっては自分の
世界観を託す適切な媒体になったと考えられる。

5-3-2. S-R1 についての考察

S-R1（自己関係づけ）は、抽象画家でも6名と全体の4割しか占めていないが、具象画家では1人も見られなかった。抽象画家のある一群の特徴だと思われるので考察する。S-R1は「見られたものが被検者本人との個人的な関係をもっていることが示されたもの［表1-2の例を参照］」であるが、芸術家のS-R1は妄想的というより、ポジティブに言えば、芸術家の内的自我境界の柔軟さ、ネガティブに言えば、脆さを表していると言えるだろう。抽象画家のS-R1は、次の3つに分けられる（下線部筆者）。①ブロットの中での自分の立ち位置を示すもの。「（Ⅲ図中央部）白い部分は自分につながっている緩やかな斜面で、自分の立ち位置はここ」、「（Ⅳ図W）龍。龍に真上からのった感じ。…僕は明らかに龍の背中に乗っている。…自分の立ち位置をすごく感じる」。②ブロットに見えた生き物がこちらに向かってくる、呼びかけてくる。「（Ⅰ図W）バサッとこちらに飛んできている。向かってきている感じ。…真正面に来ている」、「（Ⅹ図）（見えている人物像が）こちらに向かって誘っているというか。自分によびかけている感じ」。③Ⅳ図で下から見上げる時の明細化「大きな怖いイメージの巨人。…本当に下から寝転がってみている」、「すごく大きな熊のような動物を、自分はすごく小さい存在で下からずっと見上げている。のしかかられているイメージ」。Ⅰ図で蝙蝠等が飛んでいる、Ⅵ図で下から見上げている、という反応はよく見られるが、抽象画家の場合は下線部で示した所からも分かるように、反応との距離感が明らかに近い。この距離感は、時には生き生きとした内的イメージ世界を抽象画家に体験させると同時に、その内的イメージ世界に巻き込まれる危険性も含んでいる。形態水準は、いずれの反応もマイナスにはなっていないので、コントロールは効いているが、「のしかかられている」などの表現は、ともすれば自分のイメージ世界に巻き込まれる可能性を示唆している。

具象画家は、外的具体物のイメージが大切であるのに対し、抽象画家は形にならないものの内的イメージが重要である。それは外界ではなく内的世界にある。Jung, C. G. も「対象を持たない芸術はその内容を本質的に内面

(inside)から引き出す。…いかなる外界とも相応しない絵の要素は内面から生じているに違いない」(Jung, 1932)と述べ、抽象絵画の内面性について語っている。ロールシャッハ法のイメージはすべてブロットを手がかりにした自分の内的世界の表現であり、その内的世界のイメージとの距離感が抽象画家の方が具象画家より近いことを、この結果は示していると言っていいだろう。

5-4. 量的な差に関する考察

反応数3以上で有意差の出たC-co1、C1の総反応数、Sym1の総反応数は、両群ともその反応は出すが、量的にA群の方が多かったものであり、量的な差として考えられる。

5-4-1. C-co1について

各群のC-co1を調べてみたところ、①合成されたA、Bという2つのものの境界が何となく分かる反応と②境界がはっきりしないまま融合している反応の2種に分かれることが分かった。①の例としては、「羽の生えた人」(R群)、「頭は魚、体は蝙蝠」(A群)などがあげられる。この反応は、R群16個(12名)、A群13個(11名)で有意差はなかった。両群で大きな差が出たのは②の反応である(正確確率法　$p<.05$)。R群では「体がつぎはぎの木の皮からできている」などの2(2名)しかなかったが、A群では14(10名)あった。「涙とスカーフが溶け合っている」、「顔が胴体と一体化している」、「森の王様と木の一部が同化している」などである。このような2種のイメージの融合が生じるのがA群の特徴だと思われる。②の方が①よりもより level1 寄りであると考えられ、A群は、R群より、創作の際に現実の形態に囚われずに退行してイメージを掴んでくると考えられる。R群が出さなかったより非現実的、退行的な合成反応が出てきたことはA群の深い退行の有り様を反映していると考えてよいだろう。

5-4-2. C1の総反応数について

　C1はC-ctm1、C-int1、C-co1の合計で、いずれも現実では起き得ないイメージの融合、合成、重なりが伴う反応である。1以上の反応数があった者がC-ctm1でR群4名、A群7名、C-int1でR群7名、A群10名であり、有意差はなかったがR<Aという結果になっている。それにC-co1での有意差が加わってC1で、R<Aという結果になったと思われる。

　しかし、反応を詳細に見ると同じ記号でも内容が質的に異なる部分がある。C-ctm1は、「別個の対象や人間の重なり合うイメージが1つの反応に融合したもの」である。R群のC-ctm1は、例えば「（Ⅰ図W）不気味な蝙蝠の悪魔の感じですね。悪魔っぽいので目が4つある。…シルエットは蝙蝠っぽい」、「（Ⅷ図W）動物がうっそうとした森の中を歩くような。そういうイメージと同時に外から森の中を見ているのと両方ドッキングしている」である。前者では、全体で悪魔の顔に見るのと同時に蝙蝠の全身を見ており、両者が融合して「蝙蝠の悪魔」になっている。後者では、森の中を歩く視点と、それを外から見る視点が「ドッキング」している典型的なC-ctm1である。一方、A群には典型的なC-ctm1以外の反応もある。「（Ⅱ図W）お城（実際には見えていない）と道。ここら辺（中央空白部上部）から道があって大広間があってその奥に王様はいるじゃないですか、そういうことをイメージして。屋根（中央空白部）は寺院の屋根。お城とは別。ここ（中央空白部下部の細い所）も道。お城とは別個のものだけどそういう偉い人が住んでいるような豪華な感じ。その2つのイメージで城の豪華さを感じてしまう[Sym-I1]。2つの頁があってちょっとストーリーが入るというか。ストーリーの2つの頁。屋根は屋根、道は道、2つのイメージが合わさって豪華な城のイメージ[AuEl1→Cx-E＋]」（抽象画家D）。「（Ⅹ図（V）D）断崖（中央赤色部）の間を上へ飛んでいくイカロス（中央下部の緑　濃い緑が翼）を父（中央上部薄茶色　実際の父親は見えていない）が見守っていて、なんかこれ（中央上部薄茶色。真っ直ぐな部分が杖で、その他の部分が装飾）が立派な杖のようで、上に紋章的なものがついていて、父性の象徴[Sym-I1]。さらに、彼の母（中央の赤色部分が顔の輪郭、中央上部のオレンジが口、中央下部の黄

色が目）が見守っているような。彼女の頭の中のイメージであり、私から見ると、父性もあり、母性もあり、その中で飛ぶイカロスの像というトリプルイメージ。断片的であり場合によっては全体的なイメージであり、シンクロしながら３つ位のイメージが１つのストーリーに向かっている［AuEl1→Cx-C+］」（抽象画家A）。

　両者ともC-ctm1以外に他のlevel1反応がスコアされている。前者では、重なりはするが全く同じでない場所に道と城・寺院を見て、合わせて豪華なお城、という反応になっている。「２つの頁があって、ちょっとストーリーが入る」という独特な明細化をしている。Dは、抽象的な線や面を描いている内に何かが見えてくるという。「それが、頭の形でもあり、種のようなものでもあり、丸であったりとか、純粋に幾何学的な形態を描いている訳ではなく、いくつもの意味が重なって描きながら自分で物語を作ったりしている。それは見てもらう人にはあえて説明しないけれども」と語っている。この語りは、Dの２つの違うイメージが重なって１つの物語ができるという反応と重なっている。本来ならマイナスの形態水準となるような反応の明細化も、実はDの創作のプロセスと重なることが分かると、この反応もRISEであることがわかる。また、イカロスの反応は、前述のAの反応である。普通のC-ctm1は、「イカロスが飛んでいて、それを父が見守っていて、それが母の頭の中にイメージとしてある」という反応になる。Aの反応の特徴は「父性もあり…」以下の明細化である。「非常に断片的であり場合によっては全体的なイメージであり」という表現は、反応がただ融合するのではなく、時に個別で、時に融合するというダイナミックな見え方である。Aはインタビューの中でこう語っている。「抽象画家は、見えない部分をビジュアル化しようとする。…絵画というのは、究極まで突き詰めると、隠蔽するのが１つの魅力のように思うんです。二重構造になっているとか『何か直接的でないもの』がある魅力。それがずっと見ていて飽きない、多義性につながっていると思うのです」。通常のC-ctm1は２つのイメージが融合するという点では多義性を持つと言えるだろう。Aのこの反応は、個別であり、かつ３の

72 　第Ⅱ部　ロールシャッハ法を用いた研究

イメージが融合しているという点で、二重構造でもあり、多義性も持つと言える。もちろん、Aが描く絵とロールシャッハで見られたこのイメージはかけ離れたものであるが、Aが退行した時に、ロールシャッハ法でも創作の志向性が表現されることは非常に興味深いと言えよう。

いずれにせよ、A群は、R群と比べてイメージの凝縮（Condensation）を多く出すのであり、具体的なイメージを描くR群に比べて、現実原則とはかけ離れた夢に現れるようなイメージの凝縮や、非現実的かつ表面的には不可解なイメージの凝縮を多く産出することが分かった。

5-4-3. Sym1の総反応数について

Sym1は、Sym-C1とSym-I1の合計である。反応数の基準を4以上にした時に有意差が出たということは、A群（11名／15名）もR群（12名／15名）も殆どがSym1を出すが、Sym1の量がA群の方が多いということである。理由を明らかにする為に、4つ以上のSym1を出した6名中4名（残りの2名は前述のA、B）のインタビューを検討してみた。

E（4個）の作品は非常に鮮やかな色彩がダイナミックに動いて見えるような作品である。Eは、抽象的な画面を作っているうちに「途中からイメージみたいなものが見えてくる。森とか星空とか。自分の中の心の深くにあるパッションを出している感じ。浮かび上がってくるイメージは自分の心の中に眠っている風景、世界、地球、宇宙だと思う」と述べている。抽象的な画面に内的ないろいろな世界が反映されていることが分かる。そもそもSym1は、具体的な形を持たないものを何かによって象徴することであり、Eは抽象的な形と色を使ってまさに形を持たない自分の世界をシンボライズしていると言えるだろう。

一方、F（4個）は、点で画面を構成していくユニークな方法論を取っている。「点で構成していながら、点と点との間に緊張感があって、動きも感じられ、三次元的な精神的な奥行きのある空間も感じられる作品空間を目指している」とのことである。これは、点で構成された抽象的な空間によって、

形を持たない緊張感、動き、奥行きを象徴的に表現していることであり、これもSym1で表される心理的プロセスと重なっている。

G（4個）は、具象とも抽象とも読み取れるようなある種得体の知れない形態を持った作品を描く。「最初にしみみたいなものを作る。そのしみからどう見えるかを絵にしていく。しみから光を触発されたりして、新たにしみを描いていく。そういう中で出てくるのが光とか、私にとって心地よい絵画。何かに見えるか見えないか位の所を狙う。（この絵では）器の形は欲しかった。ガラスのイメージはどこかにあると思う。植物のイメージも重なっている」。しみから発想された光や植物やガラスのイメージといった、具体的な物そのものではないイメージを表現しているのであり、これはまさにロールシャッハのしみから、形のないものを読み取るSym1のプロセスそのものであると言える。

H（10個）は、柔らかな直線や曲線で囲まれた形態をいくつも重ねることによって不思議な感覚を呼び起こす作品を描く。「表面はフラット。フラットにすることで内面というか内側を見てもらいたい。表面には感情的なものは出ていないようにしているけれど、奥には潜んでいる。…抽象は、形のないものなので、何を描いているのではなく、感じ取ってもらいたい」。Hにとって重要なのは、表面ではなく内面であり、表面的な形によって、内面的なものを伝えようとしている。Sym1もまた、表面的な形によって、形のないものを表現することであり、Hの創作と非常に重なる所があると言っていいだろう。

上記のように、抽象画家の創作のプロセスとSym1は非常に関わりのあることが分かった。興味深いのは、各々の画家の方法論は全く違っているが、違った方法論をとっているにも関わらず、抽象画家は、Sym1で表されるような退行的なプロセスをたどるということである。今後、さらなる、抽象画家のシンボル形成のプロセスの探求が待たれるところである。

6. まとめ

　前章では、美術専攻大学院生と一般大学生のRISEの有り様を比較し、美術専攻大学院生は一般大学生よりもRISEをしやすいということが確認された。本章では、RISEしやすい芸術家内の中で表現スタイルが違うことによって、RISEの有り様が違うかどうかを調べ、芸術家のRISEの有り様を詳しく調べることを試みた。

　結果、抽象画家は具象画家と比べて形式面でRISEをし易く、特に自閉的明細化、イメージの凝縮、自己関与付け、象徴反応のカテゴリーでRISEをし易いことが分かった。また、それらのカテゴリーでの退行は、個々の抽象画家としての創作スタイルと大いに関係があることがわかり、従来の研究では見出されてこなかった興味深い結果が示されたと言えるであろう。

　本研究では、level1で差のあったカテゴリーに関して、量的な面だけでなく、反応の質的な側面を考慮に入れながら、抽象画家の創作の心理プロセスを検討することを目指したが、1人1人の詳しい創作の心理プロセスについて解明するには至らなかった。次章では、具体的に1人の画家を取り上げて、画家のロールシャッハ法のRISE、創作の心理プロセス、作品の成立過程を総合的に検討し、創作の際に1人の芸術家の心の中で生じているRISEのプロセスを個別事例的に検討する。

第5章

芸術家 中西學氏の作品の変容と
心理的変容との関連について

「自我のための退行」という観点からみた
20年の間隔をおいた個展・ロールシャッハ法の比較より

1. 目的

　第3章、第4章から、芸術家がRISEをし易いこと、また、同じ芸術家の中でも表現スタイルが異なることによって、RISEの様相が違うことが分かった。しかし、一芸術家の中で、時を経て退行の様相が如何に変遷したかをロールシャッハ法を用いて研究したものは、馬場 (1979) の詩人 谷川俊太郎を対象とした研究以外にない。美術家を対象としたものは本研究が初めてである。また、退行の様相と作品との関係を取り上げた研究も画家では、前章の研究以外に見られない。そこで、本研究では芸術家 中西學氏を取り上げ、一芸術家の中での退行の有り様の変化を作品、インタビュー、ロールシャッハ法の変化から探り、芸術家の創作心理プロセスを解明することを目的とする。なお、中西氏の名前と作品、インタビュー、ロールシャッハ法の結果を公表することに関しては、氏本人の了承を得ている。

2. 方法

2-1. 対象者

芸術家 中西學氏 (1959年生まれ、現在58歳)。中西氏は、82年に大阪芸術大

学を卒業後、巨大さ・速度・極彩色を特徴とした発泡スチロール作品で画壇に衝撃的なデビューを飾り、85年、86年に朝日新聞（乾由明）、読売新聞（篠原資明）により年間ベストアーティストに選ばれる。87年には前衛美術の代表的なコンクール展「吉原治良賞美術コンクール展」でコンクール賞を受賞する。筆者が中西氏に出会った時は、氏は日本の現代アートを担う若手として、時代の脚光を浴びる存在であった。

2-2. 手続き、実施時期、インタビュー内容

（1）1989年11月にロールシャッハ法を実施し（中西氏　30歳）、直近の個展「鷺は舞い降りた」（89年8月）についてインタビューを行う。（2）2009年9月に再度ロールシャッハ法を実施し（中西氏　49歳）、直近の個展「バーデの窓」についてインタビューを行う。（3）その後、2009年12月、2010年1月、2月、4月、11月にインタビューを行い、最初期から現在に至る作品の流れ、「鷺は舞い降りた」、「バーデの窓」、第2回目のロールシャッハ法のイメージと作品の関連性、第2回目のロールシャッハ法実施後の最初の個展「コロナからの雨」（2010年6月）について詳しいインタビューを行う。

2-3. 分析方法

（1）ロールシャッハ法は、Holt（1977）の一次過程のスコアリングシステムに従い記号化し、2回目のテスト結果については、一次過程的反応についての氏のコメントを参考にしながら検討した。

（2）インタビュー内容から作品の持つ心理的意味を探り、RISEの見地から2回の個展での変化を検討した。本研究では、作品の完成度が高く、中西氏の世界を適切に表現している2回目のロールシャッハ法施行後直近の個展「コロナからの雨」を比較対象としている。

第5章 芸術家 中西學氏の作品の変容と心理的変容との関連について　　77

3. 結果

3-1. デビューから、個展「鷲は舞い降りた」、個展「コロナからの雨」に至る20年間の作品の変遷について

　まず中西氏の画壇デビューから1989年の個展「鷲は舞い降りた」の解説をし、「コロナからの雨」に至る20年に亘る氏の作品の変遷を大まかに捉え、最後に「コロナからの雨」について解説をする。

　中西氏が画壇にデビューしてから、さまざまな美術評論家が評論しているが「色彩はほとばしる。…あふれかえるエネルギーのほしいままになっているかのようである」(篠原, 1984) や、「ナイフ、ピストル、バイク、エレキギター、ロック歌手、などの具象的モチーフは、すべて時代へ暴力となりうるもので構成されていた」(人見, 1989) 等述べられている。中西氏自身は「駆け出しの頃はロックのスピリット、解放感を現代アートの世界に持ち込みたいと思った。ロック音楽からのインスピレーションを次々と作品にした。やがて、いろんな音がテーマになってきた」と語っている。いずれにせよ、エネルギー、暴力性、激しさというのが、中西氏の初期の作品を語る上でのキーワードだと言えよう。1984年の個展「ROCKIN' MY ART 2　(I HAVE) A TIME BOMB」[図5-1] は、まさにこれらのキーワードを体現していると言えるだろう。

　そして1985年の高さ5m幅10mの《KING OF OBJECT》[図5-2 (口絵)] は人々に衝撃を与えた。「小刀 (肥後守) をモチーフにプレスリーとローリング・ストーンズのロックのパワー (高揚感) とエレキのビートと音響を注入したような巨大オブジェ作品…会場の中央を占拠したその作品は圧倒的存在感を示した」(中塚, 2006)。

　そして1989年に個展「鷲は舞い降りた」を開く。今までの流れを継いだロックや激しさ、エネルギーをテーマにした個展で、「はじけていくようなものを作品にしたかった。ロック音楽がテーマ。ロックのノリ、音の陶酔感を表現したかった」と氏は語る。氏は振り返って「その時のエネルギーは今しかでき

ないエネルギー。熱く走っていた。若さ故に表現できたことだった。それが当時の僕のスタイル」と語る。

「鷲は舞い降りた」の全5点のうち特徴的な3点について、中西氏の語りをもとに紹介する。

《Rocking Gate》[図5-3（口絵）・手前]

熱狂の門。ロック音楽、都会のノイズ、自然現象における音の集積をイメージ。門の下部は荒々しい青い波しぶき、V字形は稲妻を表象している。稲妻、ギターマン、波の形状などで構成されている。エルヴィス・プレスリーの戦慄的な声とともに、ロックンロールのビートに衝撃を受けた。それに共鳴する感覚があった。

《Gold Circle》[図5-3・左]

宇宙と交信するためのオブジェ。ビッグバンのはじけるイメージが円の中心にあり、そこから時間軸が始まる。宇宙出現時の大爆発のビッグバンから生まれた時空間は、生命活動の場になっている。青い鳥の羽は、人類が生まれる以前の世界を俯瞰していた太古の鳥の象徴。

《Fountain》[図5-3・中央]

水のうねり。すべてが水柱。水流のサークルがあって、水が勢いよく滝のように流れている様子。オアシス的な穏やかなFountain（泉・噴水）ではなく、

[図5-1] 1984年 ROCKIN' MY ART 2 (I HAVE) A TIME BOMB

[図5-2] 1985年 KING OF OBJECT

[図5-3] 1989年 鷲は舞い降りた

第5章 芸術家 中西學氏の作品の変容と心理的変容との関連について　　79

水の噴出、波のうねり。地球が誕生した時の海は激しく荒れているイメージ。凄まじい水のパワーを表現している。

　しかし、この展覧会以降、氏の作品はロックンローラーを主体にした表現から内面的な方向へ変化していく。「88年の作品にビッグバンというテーマの作品がある。それはこっち（今）の方向性になるターニングポイントの作品。ビッグバンは宇宙誕生時の音」。すでに、この辺りから、後の氏のテーマとなる「宇宙」「宇宙誕生の根源的な世界」のモチーフが現れている。2000年に入っていくと、「原風景とはなにか？　原形とはなにか？　ますますこの気持ちが強くなってきた。以前（80年代）の作品と比べると、新たな方向性への変化が起きた」と語っている。その後、氏にとっては大きな出会いがあった。「ハッブル宇宙望遠鏡が捉えたさまざまな天体画像にヴィジュアルショックを受けた。宇宙の景色ってこんなにもすごいのか、自分たちの根源的なものはここにあるのではないかと思った。我々の細胞の中には宇宙や星の元素が組み込まれているし、記憶をずっとたどればビッグバンの時から始まったのではないかと思っている。それをもっとより明確により強く伝える意味で、マーブリングという技法を自分なりに解釈し、今までにない形で発表することで、人々に共感を与えたい気持ちが強くなった」。宇宙、根源的なもの、ビッグバン（宇宙誕生時の大爆発）、我々の細胞の中の記憶という氏のテーマが明確になってくる。また、マーブリングとは、昔からヨーロッパにある技法で、粘質の水溶液の上に絵の具を浮かせ、作為的に模様を作って専用紙に染色する（写し取る）ものである。乾いたら、さらにその上に何層も重ねるというのが氏独自のやりかたである（古典技法のマーブリングでは、基本的に重ね染めは行われない）。

　そして、2002、3年に個展「Nebula Circuit」「VOID」を開く。その個展で発表された《Nebula（ネブラ）》は星雲の意で、ハッブル宇宙望遠鏡が捉えた星雲をイメージして制作したものである。VOIDは、天文学用語（文部省, 1974）で「泡状の構造」のことで、それを作品の方法論として展開させた。遥か彼方の銀河団を形成しているその泡状の中に超空洞が存在しており、遺伝

80   第Ⅱ部　ロールシャッハ法を用いた研究

子の中にもそのような超空洞が存在するという。このマクロとミクロの世界を「我々の記憶のなかの共通の原風景」として考え、作品の統一した概念に決めたという。「中西は大宇宙と遺伝子の微細世界、マクロとミクロのコスモスで生成、誕生、展開するフォルムの形成へと向かう前段階の混沌の世界、根源的な状況に思いをはせる。…その瞬間に立ち会いたい、もしくはその状況を表現したい…不定形の形、未分化の形、形になる前の形、原初の形、…根源的フォルム、…あらゆる事柄の根源…原始細胞のような、アメーバーのような……どろどろしたフォルム、もしくは、漂いながら、もやもやとした、流動的なフォルムが生まれる」(中塚, 2006)。そして、宇宙の本 (村山, 2010) を読んだ時に、ミクロとマクロのことを説明する際にギリシャ神話に出てくる最初と最後は一緒になる「ウロボロスの蛇」の概念が使われていて、自身の世界も「ウロボロスの蛇」に譬えられると知り、以後「ウロボロスの蛇」のイメージが氏にとって重要なものになる。「ウロボロスの蛇」は、Jung心理学で重視されているアーキタイプであり、氏はそれと知らずにそのアーキタイプに心動かされたと言える。

　2006年には個展「原始のスープ─共時性─」を開く。これは、吉田敦彦の『水の神話』(吉田, 1999) に出会ってインスパイアされた展覧会で、この吉田の著書が氏の心境にぴったりと合い、面白いほど沢山のイメージが浮かび上がってきたそうである。そして、環境や人種を越えて心の奥に共通するものがあることに氏は気づく。これこそ、Jung (1934/1999) の言う普遍的無意識の世界だと言える。以来、氏にとって神話と宇宙という2本柱が創作の中心テーマになる。

　2009年の個展「バーデの窓」は宇宙・自身の根源をテーマにしており、宇宙空間を浮遊するような世界や未来を想像できる物語を展開させたという。《Luminous Flux01》[図5-4] は氏の一番のお気に入りである。

　そして2010年に個展「コロナからの雨」が開かれるが、この題名も天文学用語である。

　この個展では、墨流しとマーブリングの手法を駆使して、氏がイメージす

第5章 芸術家 中西學氏の作品の変容と心理的変容との関連について　81

る「カオス（混沌）」の世界が遺憾なく発揮された。一見どれも似たような印象に見えるが、氏にとっては1つ1つが異なった意味を持っているようである。特に重要なのは、《Luminous Flux05》[図5-5（口絵）]である。この作品は、「効果がもっとも出た。赤が前景に見えて、ブルー、紫が後景となり、3Dのような効果が創出できた。それがカオス的に見える」とのことである。

〈中西さんがモチーフにする「原風景」は宇宙の中で生じている我々のイメージを超えた現象で、それは中西さんの心の原風景ともつながっているんですか？〉「心の中にない記憶、自分が知らない記憶、誰もが知らない記憶の根底、そういうものを模索していく。テーマは、2000年以降の『深遠な宇宙の姿』『原風景』『根源的なもの』『カオス』である。ビッグバン以降の未知の宇宙の姿、音、色、風景を表現しようと思った」と語る。今までの個展と違うのは「カオス」というテーマが入ってきたことである。氏によれば、究極のカオスが宇宙にあり、

[図5-4]　Luminous Flux01

[図5-5]　Luminous Flux05

カオス＝根源的な姿であり、神秘的なものであるという。「カオスは無秩序なものだが、迷うとか不安定になるということではなく、むしろそこに積極的な意味がある」。

以上のように、氏の作品は、デビュー時のエネルギーが外にはじけるよう

な激しいスタイルから、次第により内面的になり、最終的には「深遠な宇宙の姿」「原風景」「根源的なもの」「カオス」という外的現実には探し求められない、心の奥深い世界を思索するようなものになっていったと言えるだろう。

3-2. 両年のロールシャッハ法の比較

3-2-1. ロールシャッハ法の一般カテゴリー（クロッパー法）の比較

2回にわたるロールシャッハ法のlevel1反応の比較をする前に、ロールシャッハ法の一般カテゴリーで変化があるかどうかを確認しておく。総反応数、W、W%、主決定因、CR、（Ⅷ＋Ⅸ＋Ⅹ）/R、A%、F%、W:M、M/W、M:SumC、SumC/M、平均形態水準を比較してみた結果が［表5-1］である。

［表5-1］　中西氏の両年のロールシャッハ法の一般カテゴリーの変化

	1回目（1989年）	2回目（2009年）
R	26	29
W	19	22
M	4	11
FM	4	6
Fm+mF+m	2	0
M+FM+m	10	17
Fc	2	3
F	9	6
FC'	2	0
FC	1	3
CF	1	0
C	1	0
FC+CF+C	3	3
CR	14	15
（Ⅷ＋Ⅸ＋Ⅹ）/R	0.27	0.31
W%	0.73	0.76
A%	0.46	0.34
F%	0.35	0.21
W:M	19:4	22:11
M/W	0.21	0.5
M:SumC	4:3	11:1.5
SumC/M	0.75	0.14
平均F.L.	1.58	1.93

なお、2回とも出てこなかった決定因は省略してある。

　一番顕著な差が見られるのは、Mが1回目が4個だったのに対し、2回目は11個と3倍近く増えている点である。その他、数値的に変化しているのは、W:M、M/W、M:SumC、SumC/MなどのMに関わる指標である。Mが増えたことによって、これらの指標におけるMの比率が当然のことながら増えている。その他のカテゴリーにおいては大きな変化が見られなかった。Mの解釈仮説は非常に多いが、Mは想像力の指標でもある。また、内的な資質を関わらせて外界を認知する傾向が増大していることを表すものである。また、Mはエネルギーの内向を示すものであり、退行には必然的にエネルギーの内向を伴うことを考え合わせれば、2回目のロールシャッハ法で大きな「自我のための退行」を示した中西氏の一般カテゴリーにおいてMが増えたことも納得がいくことである。

3-2-2. level1反応の比較

　両年とも level1 内容は1つで変化がなかった。両年の level1 形式をまとめたものが［表5-2］である。

4. 考察

4-1. 1989年のロールシャッハ法の結果に関する考察

　一次過程的形式は2個が記号化された。AuLg1は作話反応ともとれる反応だが、どのようなプロセスで反応をしたかを明確に語っており（Refl+）、自我のコントロール下にあると考えられる。また、Sym-C1は形がないのでF.L.=0.0だが、「カンディンスキー（Kandinsky）の作品みたい」と審美的な文脈（Cx-E）に取り込んでおり、伴う情緒も「にぎやかで楽しそうだ」とポジティブなものなので、RISEだと考えられる。しかし、一般人の反応数が0か1（第3章）であり、それより多いとも言えず、「自我のための退行」が頻繁に生じているとは言い難い。この時期の中西氏の作品が「エネルギー、暴力性、激

84   第Ⅱ部　ロールシャッハ法を用いた研究

［表5-2］　1989年・2009年のロールシャッハ法の形式面でのlevel1反応

1989年				
		自由反応段階	質問段階	
Ⅶ図③	V	魚の部分的な感じ。なまずとかどじょうとかひげのあるもの。	殆どインスピレーション。多分こういう流れ、黒の墨の部分だけ追っていった時に、色もそうだけれども、なまずに見えた。勝手にこの流れだけ見てイメージ、ここがひげみたいに見えた。	D AuLg1→Refl+ F.L.=－1.0
Ⅹ図①		これ面白い。カンディンスキー（Kandinsky）の作品みたい。音楽のリズム。	青が音の何とか。黄色が何とか。外に飛び散っているのがリズミカルな感じ。響き合っている感じ。	W Sym-C1→Cx-E+ F.L.=0.0
2009年				
Ⅰ図②		女性がダンスしている。センターラインに人がいて手を挙げている。左右がダンサーでダンスしている。人物と昆虫がオーバーラップしているように見えますね。何かこの像から中近東の音楽が聞こえてきますね。	両手を挙げている。（左右の女性？）衣装を身にまとって、ごっつい衣装。ダンサーの手が重なって見える。真ん中のダンサーの手が、左右のダンサーの手と、シルエット上重なっている。（オーバーラップしている？）切り替えてみれば昆虫に見えるし、踊っている女性にも見える。	W Sym-C1 C-int1→Mod+ F.L.=3.0
Ⅱ図①		人物に見えます。手をすごく強い感じでばーんと叩いている。握手と言うより瞬発的な感じ。手を叩く時の音が聞こえた。国で言うと中国系。	音が聞こえたから2人だと思う。顔はマスクか何かかぶって何か演出している。中国の舞踊の衣装。朱色からも中国。シルエットも中国ぽい。	W Sym-C1 F.L.=4.0
Ⅳ図①		見たことないけもの。大きく立ちふさがっている。見下ろしている。森の中に住んでる森の主。顔が何とも言えない。漫画に作ったらいい。ジブリのキャラクターにしたら面白そう。狸とか何か、混ざっているような。	手が鎌みたいな手。手先が鎌になっている。融合している。こういう主が面白かった。存在しないという生き物という感じで。	W C-co1→Cx-E+ F.L.=2.5
②	V	龍を真上からのった感じ僕は明らかに龍の背中に乗っている。手が風をあびて翻っている。自分の立ち位置をすごく感じる。		W S-R1 F.L.=2.0
Ⅵ図①		何かのモニュメントに見えた。素朴な木で作った、民族を象徴しているような、非常に土着性の強い、民族性の強いモニュメント。木材以外の別の素材も使っている。布系統のものを巻き付けたりしている。異素材。表皮というかそういうものを巻き付けたような。生ものの皮をはいで、乾燥したものを巻き付けている。色は木々の持つ色、布は暖色系。オレンジっぽい色。動物の皮の色は、薄くて透明な感じ。生土もかなりの量を使っている。半端な量じゃないくらい使っている。本当に素朴なモニュメント。崇めるために作った。この民族には崇拝されている。このモニュメントはこの民族にとって非常に必要なもの。必要性があって作った。もっと深い、もっと聖なるものというか、なくてはならないもの。民族にとってもっと根源的なもの。それに気づいたんだ思う。自分たちのアイデンティティとして、気づいたんだと思う。何かがあったからこれを作った。前向きなイメージ。作り上げることによって、自分たちの生きる指針となるので。	（動物の皮？）土着性の強いイコール生き物の皮を使うことが聖なることなのかと思った。（民族の何かを象徴している？）もっと根が深いものを表している。自分達のアイデンティティに直結するような物を作ることが非常に重要。1つの指針というか。なぜこの民族がこれを作ったのか理由を知りたい。何があったやろうなと思う。それを知りたい。作らなければならない民族の理由をね。	W AuEl1→Cx-C+ F.L.=2.5

VIII図①		賑やかな楽しそうな感じ。色もあるから。動物がいる。猫科の4つ足の動物。セキセイインコみたいな顔をしていて嘴があるのに4つ足。		D C-co1 F.L.=1.0
②		建物ですかね。藁葺き。森の中にあるような。ジャングルにあるような家。緑の部分は屋根になっている所に、巨大なバッタが屋根になっている。バッタが屋根になっているのが不思議。	屋根のバッタの印象が強い。なんで出てきたのか分からない。ここに床があって、屋根があって、日よけがあって。植物の葉っぱで作った日よけ。	W C-ctm1→Refl+ F.L.=2.5
IX図①		ユニークな噴水。素材が貝殻で作られた噴水。噴水の水しぶきの中に偶然表れた楽器を演奏している人が2人。笛を吹いている楽器奏者が貝殻の噴水の上に腰掛けている。最初音が聞こえてきたというのもある。		W Sym-C1 F.L.=4.0
X図①			葉っぱのような凶器を持ったエイリアン。青いカニのような、顔はオオカミのような。強そうではない。得体の知れない存在。	D C-arb1 C-co1 F.L.=-0.5
②	∨	だまし絵みたいに見える。だまし絵展に出て来る絵の一部。目、髭、口。よく見たら人の顔が潜んでいる。少し笑っている顔。眉毛は動物に見えたりもする。近くに見ると分からないが遠くに見たら人の顔に見える。	（だまし絵？）ぱっと見は分らないがよく見たら分かる。青い眉毛でもあるし大きな羽をもつ動物にも見える。同時に。	W C-int1→Cx-E+ F.L.=2.0 C-arb1→Cx-E+ F.L.=1.0

＊領域番号はKlopfer & Davidson(1962/1964)による。
＊【自由】は自由反応段階、【質問】は質問反応段階の略である。なお、実際の反応は遥かに長く詳しい明細化がされている。紙数の都合上ここは記号化の根拠となる所を中心に取り上げた。下線部が記号化の根拠。破線部はコントロール要因の根拠である。F.L.は、ここに記載されていない明細化も計算に入れて算出されている。

しさ」であったことを考えると、より一次過程的な攻撃的な衝動性がみられることが予測されたが、攻撃性は二次過程レベルに留まっていた。性的衝動も含め、作品から感じられる衝動性の強さは、ロールシャッハ法には反映されなかったと言えるだろう。一見衝動的な作品内容も、深い衝動レベルまでの退行によって生じたものではないことが分かる。

4-2. 2009年のロールシャッハ法の結果に関する考察

一次過程的形式はC-ctm1が1個、C-int1が2個、C-co1が3個、Sym-C1が3個、C-arb1が2個、S-R1が1個、AuEl1が1個で計13個が記号化された。F.L.の平均値も2.2と高くRISEが生じていると判断できる。1回目より2回目の方が遥かに反応数が多い。カテゴリーを大きく分けると、イメージの凝縮に関するもの6個、色彩に関するもの5個、その他2個となる。

まず、イメージの凝縮反応に関する主な一次過程的反応を見てみる。詳しく検討するために、ローデータを掲載する［表5-3］。

86　第Ⅱ部　ロールシャッハ法を用いた研究

[表5-3]　中西氏のイメージの凝縮反応に関する主な一次過程的反応

		自由反応段階	質問段階
Ⅰ図	11″	②女性がダンスしているように見える。明らかに人のシルエットに見える。センターラインに人がいて、手を挙げている。左右がダンサーでダンスしている。人物と昆虫がオーバーラップしていてC-int1→Mod+、そういう風に見えますね。何かこの像から中近東の音楽が聞こえてきますね。踊っているのと合わせて、トルコ、イスタンブールあたりの。Syml1 決して暗い感じがしない。	②両手を挙げている。ヒップラインが女性。（左右の女性）衣装を身にまとって、ごっつい衣装。ダンサーの手が重なって見える。つながって見える。真ん中のダンサーの手が、左右のダンサーの手と、シルエット上重なっている。一体化しているわけではない。〈オーバーラップしている?〉切り替えてみれば昆虫に見えるし、踊っている女性にも見える。〈音楽?〉漠然としている。踊っているところ。衣装、シルエットから。インスピレーションから。特に根拠はない。音楽を感じた。踊りがあることから。
Ⅳ図	10″	①人間じゃない。けもの。みたことないようなけもの。大きく立ちふさがっている。上から見下ろしている感じに見える。ものすごい毛でいっぱい覆われている。かといって危害を加えるのでもなさそう。でも、大きくて30メートルくらいの存在しないけもの。森の中に住んでそうな。けものの主みたいな感じ。森の中にいてるけものの主みたい。単にいてる。威嚇している感じもしない。自分はここにいるという感じ。今までの森の主の顔が何とも言えない。漫画に作ったらいい。ジブリのキャラクターにしたら面白そう。狸とか何か、混ざっているようC-co1→R-fic n+ アニメの中のキャラクターで動くと面白い。色は見える。茶色、緑、青のラインが入っている。顔のあたりも明るい茶色。真っ黒な怪しげなものではない。でも色は感じる。	①中が毛がもこもこしている。手が鎌みたいな手。手先が鎌になっている。融合している。C-co1→R-fic n これは面白かった。こういう森の主が面白かった。存在しないという生き物という感じで。
Ⅷ図	10″	①楽しそうな、楽しそうと言うか、賑やかな感じ。色もあるから、動物がいてる。4つ足の動物。猫科の動物かな。右の方は猫科だけど、左の方は違う。セキセイインコみたいな顔をしていて嘴があるのに、4つ足。C-co1	①右は虎。
		②建物ですかね。藁葺き。森の中にあるような。ジャングルにあるような家。何かいる。これは何やろうな。人のような、人はかなり小さく見える。人の足やけど、緑の部分は屋根になっている所に、大きなバッタが、巨大なバッタが屋根になっている。C-int1 真ん中に細い人らしきものがいる。バッタが屋根になっているのが不思議。反対に見ても4足の動物がいる。反対にしたからといって違う世界ではない。バッタの屋根は消えるけれども。	②人物は非常に曖昧なんですけれどもね。この非常に薄くね、薄くグリーンになっていますよね、これが細い人間に見えるんですよ。顔は隠れているんですけれどもね。胴体で手を広げていてね。薄く上半身が裸なのかなと思ってね。顔は見えていないんですよ。ここに人がおるんですが。僕の中では、人間として見えているのはここまで。部分的にしか見えていないので印象は薄い。非常に希薄。屋根のバッタの印象が強い。なんでバッタの屋根が出てきたのか分からないけれども。ここに何かあるんでしょうけれどもね。すだれ代わり。ここからせり出したところに床がある。登っていくんでしょうね。床は見えていない。ここに床があって人があって屋根があって、日よけがあって。〈高床式?〉そうですね。見えないけれども。植物の葉っぱで作った日よけ。〈植物?〉色、緑系統の、もわもわとしているし。何枚か重なっているような気がした。これで1枚、これで1枚、不揃いな葉っぱ。そんな大きな葉っぱはない。色が変わっているところイコールつなぎ合わせているんじゃないか。かなり色がついているので色からインスピレーションがありますよね。ジャングルの中にある。〈ジャングル?〉建物の形状。虎がいたり、野生のものがいたり、普通こんな建物都会にないからね。〈ここ（オレンジ）は関係ない?〉ちょっとね草木が茂っているようにも、暖色系統なので花なのか草木なのかあんまり強く限定できない。あるとしたらそういうもので、ここから登っていくという感じのもの。

| X図 | 10″ | ②（∨）これはだまし絵みたいに見える。だまし絵展に出て来る絵の一部。この部分は目に見える。ひげが見える。口が見える。よく見たら人の顔が見える。だまし絵。人の顔が潜んでいる。ちょっと笑っている顔。男性。眉毛がとてつもなくつりあがっている。眉毛は動物に見えたりもする。C-int1→Cx-E+ 近くで見ると分からないけど、遠くに見たら人の顔に見える。 | ②〈だまし絵？〉いろいろな要素があるけれども、ぱっと見たらよく分からないけれど、よく見たら分かるというので、青ひげ C-arb1→Cx-E+ 眉毛でもあるし、羽をつけている動物にも見える。同時に。かなりデフォルメ。大きな羽に見える。 |

　まず、AとBがオーバーラップしているあるいは、Aにも見えるしBにも見える、AでもあるしBでもあるというC-int1であるが、これは第3章の美術専攻大学院生、第4章の抽象画家にも特徴的に見られた反応である。イメージの独立性が失われて、「AでもあるしBでもある」という反応は現実適応のレベルから見ると、あまり適切でないと考えられる。しかし、抽象芸術家はある意味、現実適応よりも、創作活動に有効なものの見え方を優先する傾向があると考えられる。従って、2つのイメージの独立性が曖昧になり、イメージが重なって見えるような物の見え方の不思議さは、創作に役立つ物の見え方として、ロールシャッハ法の反応においても優先されたのかもしれない。

　ただ中西氏も一次過程的要素を全く防衛していない訳ではない、例えば、Ⅲ図の女性と昆虫は「オーバーラップ」しており、自由反応段階では、C-int1が記号化された。しかし、質問段階では、「切り替えてみれば」昆虫にも女性にも見えると述べており、反応の一次過程的要素を修正している。これは、Holt, R.のスコアリングによればMod+（修正、緩和）と呼ばれるコントロールの一種で、自由反応段階で述べられた一次過程的要素を修正して、二次過程的にするものである。ここでは、中西氏のある意味健全な防衛が働いていると言えよう。X図の「眉毛は動物に見えたりもする」というC-int1も、反応が人間の顔そのものだとしたら現実性からの逸脱が大きいが、中西氏は、これを「だまし絵」として、リアルな人間像からは切り離している。したがって、眉毛が動物であるという一次過程的反応もある程度コントロールされていると言えるだろう。

　C-int1の中で最も興味深いのは、Ⅷ図の「バッタが屋根になっている」という反応である。「バッタが屋根になっているのが不思議」「屋根のバッタの

印象が強い。どうしてバッタの屋根が出てきたのか分からないけれども」と中西氏自身が、バッタの屋根というイメージがなぜ出てきたのか、非常に不思議に思っているのは興味深い。バッタが同時に屋根でもあるということに中西氏がかなり驚きと興味を持っているということは、前の2つのC-int1とは異なっていることを示している。このダブルイメージという点については、後の中西氏のインタビューでさらに明らかにしたい。

　それからイメージの合成C-co1がいくつも見られた。「手先が鎌になっている」「狸とか何か、混ざっているような」森の主、「セキセイインコみたいな顔をしていて嘴があるのに、4つ足」の3つである。前者の2つは、上にも述べたが、存在しえない生物であり、ありえない合成の仕方も、ある程度コントロールされていると言えるかもしれない。しかし、Ⅷ図のセキセイインコが4つ足というのは、現実性からの完全な逸脱である。強いて言えば「嘴があるのに」という言葉の「のに」という部分に、自分の反応は現実性から離れているけれども、という内省Refl＋というコントロール要因が含められているかもしれない。しかし、中西氏は、Ⅷ図の右側の動物には4つ足動物と答えており、左側を子細に検討した結果、その顔つきから4つ足ではなく、鳥の顔であると判断したとも言える。従って、かなり詳しく図版の相違を検討した結果出てきた反応であるともいえる。ここに外的な情緒刺激に対して、微細に反応する中西氏の特徴が表れていると言っても良いのではないだろうか。

　次に、一次過程的象徴反応であるが、全部で3つある［表5-4］。

　一次過程的形式の象徴反応は、あるものや色彩によって、それ以外のものを表す反応であるが、中西氏の場合、3つとも全て「音」になっていることが特徴的である。ロールシャッハ法施行第1回目のわずか2つの一次過程的反応のうちの1つが、このSym-C1であり、「青が音の何とか。黄色が何とか。外に飛び散っているのがリズミカルな感じに響き合っている感じ」と音を色彩が象徴している。中西氏は、第1回目の個展の時から、宇宙が始まったときのビッグバンの音が聴きたいなど、現実にはあり得ない音に関する興味を示しており、「音」を象徴的に聞き取るという退行の有り様は、第1回目と変

第5章　芸術家 中西學氏の作品の変容と心理的変容との関連について　　89

[表5-4]　中西氏の一次過程的象徴反応

	自由反応段階	質問段階
I図 11秒	②何かこの像から中近東の音楽が聞こえてきますね。踊っているのと合わせて、トルコ、イスタンブールあたりの。Syml1 決して暗い感じがしない。	②〈音楽?〉漠然としている。踊っているところ。衣装、シルエットから。インスピレーションから。特に根拠はない。音楽を感じた。踊りがあることから。
II図 12秒	①人物に見えます。合わせ鏡の状態。手をすごく強い感じでばーんと叩いている。お互いに握手というより、瞬発的な感じ。手を叩く時の音が聞こえた。SymC1 国で言うと中国系。中国のテイストを感じさせる。赤っていうのもあるんじゃないか。	①音が聞こえたから2人だと思う。顔はマスクか何かかぶっている。目、口。わざと化粧しているのか、かぶり物しているのか、何か演出している顔。〈中国?〉中国の舞踊の衣装。半分座った感じでこうやっている。踊りか舞踊。朱色（衣装の中に隠れている朱色も含めて）からも中国。衣装のシルエットも中国っぽい感じ。
IX図 15秒	①これは面白い。噴水ですね。結構ユニークな噴水。ビルマとか、あのあたりの、しかも素材が貝殻で作られた噴水。水しぶきが霧状になっている。真ん中のグリーンが貝殻で作られた受け皿。噴水の水しぶきの中に偶然表れた楽器を演奏している人が2人。笛を吹いた楽器奏者が（男性）貝殻の噴水の上に腰掛けている。赤いところも噴水の一部。貝殻ではない土台。最初、音が聞こえてきたというのもある。 Sym-C1	①緑のところがいくつもの貝殻で作られた。貝殻をはりつけた。ごつごつ感。色が変わった。玉虫色のきらきらした感じが、貝の感じを受けた。色と形の感じが貝。巻き貝も二枚貝も使っている。貝細工をイメージ。ブルーのうすいところが水しぶき。粒子が細かい。無国籍な状態。〈楽しげな雰囲気?〉そうですね。のどかで。笛の音色は聞こえてこない。土台の素材は分からない。

わらない一貫した中西氏の退行の特徴と言えるかもしれない。

　そして、自由反応段階、質問段階で最も中西氏の語りが長く、熱く語られたのがVI図のAuEl1である［表5-5］。

　この反応は第4章でも取り上げたが、インクブロットの形態的特性から引き出されたものではなく、まさに中西氏の内的世界が投影されたAuEl1（自閉的明細化）と言ってよいだろう。しかし、中西氏がこのモニュメントについて語る熱意、そしてそれを説明しようとするコミュニケーションの努力は非常に強く伝わってきた。中西氏の説明を聞いているうちに、少なくとも氏にはそのように見え、とても大切なイメージであることは伝わってきた。第4章でも述べたが、AuEl1は「芸術家独自のものの見方や世界観が反映された非現実的で一般の人には伝わらない」明細化であるが、抽象画家の創作の根幹に関わるイメージである。中西氏のAuEl1も、中西氏の創作の根源にあるイメージと関わっていることが予測できる。その点については、以下の中西氏のインタビューを通じて明らかにしたい。

90　第Ⅱ部　ロールシャッハ法を用いた研究

[表5-5]　中西氏のⅥ図のAuEI1

	自由反応段階	質問段階
Ⅵ図 17秒	①何かのモニュメントに見えた。メタリックなものではなく、素朴な木で作った、流木か何か。自然にある木を使って作った。モニュメントを作った。民族を象徴しているような、非常に土着性の強い、民族性の強いモニュメント。近代とは全く違う。土着性の強い、木材以外の別の素材も使っている。布糸統のものを巻き付けたりしている。異素材。色も出てきて、メタリックな感じはない。動物か何か分からないけれども、表皮というかそういうものを巻き付けたようなところもある。布以外に何の皮か、何を乾燥させたか分からないけど、生ものの皮をはいで、乾燥したものを巻き付けている。色は木々の持つ色、布は暖色系。オレンジっぽい色。動物の皮の色は、薄くて透明な感じ。生土もかなりの量を使っている。半端な量じゃないくらい使っている。本当に素朴なモニュメント。非常に素朴なもの。僕が作っているモニュメントとは正反対のもの。街の中にない、とにかくあがめられているもの。またはあがめられるために作ったもの。この民族には崇拝されている。非常に重要なもの。このモニュメントはこの民族にとって非常に必要なもの。何かのきっかけでこれを作った。必要性があって作った。無病息災とかではなく、もっと深い、もっと聖なるものというか、皆でつくってなくてはならないもの。かなり大きなもの。民族にとってもっと根源的なもの。それに気づいたんだと思う。自分たちのアイデンティティとして、気づいたんだと思う。非常に根の深い思想的なもの。見た目は素朴だけど、何かがあったからこれを作った。木を使って、土で固めた聖なるモニュメント。前向きなイメージ。これから作り上げることによって、自分たちの生きる指針となるので。**AuEI1→Cx-C+**	①布はこのあたり巻き付けてあとが、フリーになっている。結んであとは広がっているみたいな。このひげみたいな部分も全部布なんでしょうね。結んでいるんでしょうね。どう結んでいるのか分からないですけれども。ちゃんちゃんこみたいに見えるこの部分あるでしょ。この白っぽい、このトーンが変わっている部分がたぶんね、下の布の色なんですわ。なんで薄く感じたかというとね、布の色が薄いので下の色が透けて見える。木があって巻き付けてちゃんちゃんこみたいな薄皮を着せている。〈動物の皮？〉土着性の強い、イコール生き物の皮をつかうことが聖なることなのかなと思った。〈民族の何かを象徴している？〉無病息災とかではなく、もっと根が深いものを表している。自分たちのアイデンティティに直結するようなそういうものを作ることが非常に重要だったという感じがした。1つの指針というか。〈なぜ聖なるものに見えた？〉ぱっと見た時の印象ですよね。先入観とかなくてね、ぱっとみですよ。どっかで見たとかそういうことはない。なぜこの民族がこのモニュメントを作ったのか知りたいですね。理由を知りたい。なにがあったんやろうなと思う。それを知りたい。〈これはまさに中西先生の中から出てきたものですからね、なぜ自分の心の中がそういう聖なるものを作り出したのかは、先生の中に理由はあると思うんですけれどもね〉あるのかな。普段は意識していないんですけれどもね。潜在意識の中に深くあるのかもしれないですね。それがこういうものを見てぱっと出てきたのかもしれませんね。自分が実際やろうということをやっているのかなあという気がしないことはないですね。ただ理由を知りたい。作らなければならない民族の理由をね。何かがあったんでしょうね。

4-3. 両年の変化に関する中西氏へのインタビューおよび考察

　以下は2回目で初めて出てきたカテゴリーについてのインタビュー結果およびそこから得られた両年の変化についての考察である。

4-3-1. イメージの凝縮（C-int1、C-ctm1、C-co1）について

　〈20年前には出てこなかった合成イメージと今の作品、創作プロセスとは関係あるか？〉「合体、融合、複合化は、二次元から三次元へという方法論で、

第5章 芸術家 中西學氏の作品の変容と心理的変容との関連について　91

20年前より強くなっている。平面から立体へと移るというのは、2次元から3次元への変化。その変化とともに素材が複合的になっている。素材がコンバイン（一体化）したものになっている。金属、樹脂、陶土、木材などの素材の見え方として、複合性、合成というものを考えている。根本は、2次元の世界から3次元の世界へ立ち上げるということから来ていると思う」〈作ったものが結果的に合成している？〉「いろいろな素材が集まって複合的になっている」〈最近作で合成イメージは？〉「マーブル模様を重層することでイメージが豊かになっていくのが、結果的に複合的、合成的になったのかも。重ね合わせることで、ある種の複合化、神秘的なものに展開していく。一層と二層、さらに三層だとかなり違う。それに20年前は人物など具体的なイメージがあった。今は見たことのない宇宙の原風景。現実のイメージから離れてきている」。この言葉から分かるように、氏の創作自体が、現実的イメージから、非現実的イメージへと変化しており、それは形式的には二次過程から一次過程への退行と考えることができる。

　〈ダブルイメージ（イメージが同時に重なって見えること）は20年前にはなかった。これも今の創作に関わるのか？〉「何かと何かが出会うというのは創作上でも行っているかもしれない。発見、可能性、意外性を求めているのかもしれない。ここからだったらこうしか見えない風景が＋αすることによって違う風景になるとか。また、結果的に1つのものでなく、2つ3つになったりするのでしょうね。今は現実にないもの、誰も見たことのないものを作りたい」。氏はダブルイメージについて、技法的な面から語っており、心理的な面から語っていないが、イメージが重なることに対する違和感は全くなく、むしろそのような現実的にはあり得ないものを求めていることが分かる。4-2で述べたが、ダブルイメージの中でも特に中西氏は、Ⅷ図の「バッタが屋根になっている」という反応に強い興味を示した。このイメージは、中西氏の言う「何かと何かが出会う…発見、可能性、意外性を求めている」という言葉にも対応しており、「現実にないもの、誰も見たことのないものを作りたい」という創作上のコンセプトとも一致している。もちろん、この

イメージが直接氏の作品のイメージとつながるものではないが、創作の上での基本的なものの見方と通じていると考えられる。そういう意味で、このC-int1の反応は、中西氏にとって意味のあるものだと考えられる。

4-3-2. 色彩に関する一次過程的反応について

・Sym-C1およびC-arb1

Sym-C1は、すべて色彩から音が聞こえてきたという共感覚的な反応である。氏のモチーフは、現実的なロックの音から、第2回では現実には聴けないビッグバンの大音響へ変わってきている。これは個人的記憶を超えた音、より深い退行の中で初めて聴ける音である。この変化がSym-C1の増大をもたらしたと考えることもできるかもしれない。またC-arb1は、「青髭、青いかに」である。中西氏は、宇宙の写真について語った時に「ハッブル以降の天体画像はカラー写真になった。こんな色があったの？　と驚き。意外な色があってもいいのではないかと思うようになり、これはこういう色と限定できない気がするようになった」。要するに色彩の使用に関しても、現実原則から離れてもいいという境地に達したと言える。従って退行する際に、独断的な色彩の使用をすることに抵抗を感じなくなったと考えられる（後に、氏はNASA［アメリカ航空宇宙局］が開発したハッブル宇宙望遠鏡の天体画像が疑似カラーであることを確認する）。

4-3-3. S-R1（自己関連付け反応）

IV図の「竜」に関して〈創作時のイメージとのコミットに関して変化は？〉と聞くと「今は寝る前に瞼に作品のイメージが出てくる。制作を繰り返していくにつれて、残像がはっきりして、脳裏に色や形が焼き付いてくる。巻き込まれていく感じ。飲み込まれるのではないけれども」と創作のイメージに巻き込まれるけれども、飲み込まれるのではないということが語られている。このS-R1に関してはどうかを検討するために、ローデータを掲載する。「龍。ドラゴン。真上から龍にのった感じ。龍の上に乗っかった気分。友好的。

第5章　芸術家 中西學氏の作品の変容と心理的変容との関連について　　93

架空の生き物。僕は明らかに龍の背中に乗っている。腕か手が風をあびている。翻っている。どちらも角度を感じる。自分の立ち位置をすごく感じる。さっきの3枚と目線が違う。非常に不思議な感じがする。龍の方からは色は感じない。両方とも人物は出てこなくて興味深い」。形態水準は、真上から竜に乗っているという明細化で基本点が1.5、腕が風をあびて翻っているで+0.5、と2.0の形態水準を保っている。また、自分が龍の上に乗っていると感じていることに対して、「さっきの3枚と目線が違う。非常に不思議な感じがする」と自分の反応に対して内省（Refl+）ができており、コントロールが効いていると考えられる。したがって、このS-R1に関しても、氏の創作のイメージとの関係と同様に、コントロールを完全に失うことはなく自分のイメージに巻き込まれていることが分かる。

4-3-4. AuEl1（自閉的明細化）

　Ⅵ図のモニュメントについて〈この土着性は中西さんが求めている根源的なものと繋がっている？〉「自分で気になっていることなのでしょうね。根源的なもの、自分の未来に向けてアイデンティティを求めて、道標を必要としているのかもしれない。聖なるモニュメントは核となるようなものかも。聖なるものとは、見たことのない、形ができるまでの長い歴史。それをオブジェやマーブリングで探求している段階なのでしょうね」。以上のように、Ⅵ図のAuEl1は、中西氏の作品とは全く違う土着的な根源性であるが、氏が求める美的に表現される根源性の背後にはこのような土着的な根源性が隠されているのかもしれない。そういう意味で、このAuEl1は氏の創作上、非常に意味を持ったイメージであると考えられる。

　Jung, C. G.は、退行は「リビドーが根源的なものへと遡る退行運動であり、始原の源泉の中へ沈潜することである。この源泉から、始まりつつある前進運動を示すイメージとして、無意識の要因をすべて包み込んだシンボルが浮かび上がる」（Jung, 1928a）と述べているが、このイメージはまさに「根源的なものへ遡る退行運動」の結果生じた「シンボル」だと言うことができる

94　第Ⅱ部　ロールシャッハ法を用いた研究

だろう。

　20年間のロールシャッハ法の比較においては、単にRISEが増えたという
ことだけでなく、その変化の意味を氏へのインタビューを参考に考察するこ
とによって、作品の創作プロセスと密接に関係していることが分かった。以
下、2回の個展の作品の変化を比べ、ロールシャッハ法から見られる変化と
の関係を検討したい。

4-4. 2つの個展の比較

　個展の変化を見ると1回目の方が荒々しさ、激しさなど、先鋭的なものを
テーマにしており、ロールシャッハ法も、より一次過程的な破壊衝動の反応
が出ると思われたが、コントロールされた二次過程に留まっていた。そして、
一見美しい作品群を発表した「コロナからの雨」の方で、ロールシャッハ法
がより退行的になっていることが読み取れた。

　「コロナからの雨」では、新たに「カオス」というテーマが出てきているの
が特徴的である。

　氏の退行の様子を検討すると、単に精神分析的なRISEでは説明できない
部分が多い。問題の第1節で述べたように、Kris, E.は、RISEによって、芸
術のシンボル形成だけでなく、宗教的な儀式、超越的なシンボル形成にまで
及ぶと記述しているが、なぜRISEが、宗教的な儀式の形成、超越的なシン
ボル形成に至るか、そのプロセスについては語っていない。Kris, E.が述べ
ているのは、あくまでもエス衝動を受け入れやすいことであり、退行の際に
受け入れられるものは、本能衝動であるという範囲を超えることはできてお
らず、本能衝動と宗教的な儀式との関係性については述べていない。そこに
Kris, E.の理論の限界があると思われる。また、太古的なものを、Schafer,
R.は否定している。その一方で、問題Ⅰの第2節で述べたように、太古的な
ものの存在の人生における意味を重視した臨床心理学者の極にJung, C.
G.がいると言っていいだろう。ここで、中西氏の退行した果てにある原始

第5章 芸術家 中西學氏の作品の変容と心理的変容との関連について 95

的、根源的、宗教的な世界を説明するのは、Jung, C. G.の理論をおいてないと思われる。

　中西氏は、Jung（1934/1999）の言う普遍的無意識レベルまで退行をしていると思われる。Jung, C. G.は、「退行が表面に持ち込むものは確かに最初は深みのどろどろしたものに見える。しかし、浅はかな評価をやめ、既存のドグマの基礎にたった束の間の判断を差し控えるならば、この『どろどろした』内容は日常生活の両立できない拒絶された残り物や不都合で反対すべき動物的傾向ではなく、新しい命の胚芽であり、未来へ向けての生き生きとした可能性となるのである」（Jung, 1934/1999）と述べ、退行による混沌との出会いの可能性を語っており、氏の語りとも一致する。また氏は「混沌とはいっても、無意識のうちに物作りとしての制御（テクニックとか感覚）が働いているとは思う。制御とは、方法論、美意識、感覚ではないか。ある意味カオス的なことをやろうとしているけれども、物作りとしての制御、方法論が無意識のうちに働いていると思う。混沌とした姿は、むしろ心地よさにつながる。一見無秩序の中に練られた造形美がある」と述べており、RISEに必要なコントロールが芸術家の方法論、美意識、感覚として働いていることが自ずと語られている。

　また、氏は宇宙の始まりを見たいとも語り、「根源的なもの」「原風景」とは「ウロボロスの蛇のような生と死が循環しているような世界」であるという。「生きているのはなぜ？　どこから来てどこへ行くのか？　そういう世界観もしくはウロボロスのような生と死がぐるぐるしているような世界、そういうのを強く意識するようになっている。根源的なものを形に現したい、それが作品制作の原動力、その欲求は年々強くなっていますね。宇宙の混沌、根源的な風景だけでなく、自分自身の内面、核になるものをアートを通して知ろうとしているのかもしれない」。中西氏は、ここで奇しくもJung心理学で重視されているウロボロスの蛇のアーキタイプについて言及している。ウロボロスは、時間と生命の連続性の象徴であり、不老不死や完全性・全体性の過程の象徴である（Neuman, 1949/1984）。このイメージは、普遍的無意識か

ら出てくる、深い退行的なイメージであると考えられる。氏は、根源的なもの、宇宙の始まり、カオス、といった始原的なものへの志向性を語っているが、単に始原へ遡るというだけではなく、そこへ行きついた果てには、そこにとどまるのではなく、そこからさらに生と死が繰り返されるような、ウロボロスの蛇が表す完全性・全体性へ向かっていくのではないかと思われる。

　河合 (1991) は「自我が自我のためにコントロールして退行していく」という考えに疑問を呈している。「創造活動 (には) …心的エネルギーの退行が生じることは事実であるが、それは全面的退行ではなく、創造活動を継続している、という意味において、相当な集中力、すなわち、心的エネルギーの使用を必要としている。しかし、そのときの意識の状態は、一所懸命に何かを書いているときの状態とは異なっている。…自我の力のみに頼っているのでは駄目で、自我の統制力を弱めつつ、なおかつ一種の集中力を保つような意識の状態が必要なのである。これは従って、全面的な退行状態とも異なっているはずである。…このような意識の状態は、きわめて創造的なものであり、心的エネルギーを大量に必要とするものであるが、先に示した創造的退行の理論によっては説明しがたいものである」(河合, 1991)。つまり、創造的退行とは、自我の力だけに頼っているのではないことを河合は示唆している。河合の考え方を参考にすると、自我のコントロールだけによらない、普遍的無意識レベルへの退行というものも考えることができるのではないだろうか。普遍的無意識レベルへの退行とは、単に自我に益するというよりも人間の存在全体に寄与するような人間存在全体のための退行である。そして、中西氏の退行は、まさに個人的無意識のレベルを超えた普遍的無意識への退行というのにふさわしいものではないだろうか。

　さらに氏の普遍的無意識への退行を裏付ける言葉をあげたい。「見えないものに動かされていると感じる。何かプラスαの力が働いて背中を押されている。何かと交信している感覚はつねにある。交信しているものと一体化しているのでしょうかね。普段の生活の感覚とは違う。芸術の神様がいるならそうかもしれないし、導いてくれる何かなのかもしれない。心の中で交信し

ているのかも」。これは、まさに氏が自我を超えたより大きな存在に動かされていることを示す言葉であり、個人的無意識のみならず普遍的無意識まで退行していることを表しているのではないだろうか。

4-5. 全体のまとめ

デビュー当時の中西氏は、時代の寵児として、若さ故のヴァイタリティで作品を作っていたと思われる。そこから、次第に自らの内面に視点が移動するようになり（宇宙も外側の世界だけでなく、内的な宇宙でもあることを氏は語っている）、以前にはできなかったより深い普遍的無意識のレベルまで退行できるようになったと言えるだろう。氏がJung心理学で重視される神話やウロボロスの蛇、自分を超えたより大きな存在について語っているのも偶然ではない。

本研究では、1人の芸術家の20年の間隔をあけた個展、ロールシャッハ法を比較することによって、「自我のための退行」というものだけではなく、普遍的無意識への退行と呼ぶべきものが生じている可能性も分かってきた。

本章では、「自我のための退行」と「普遍的無意識レベルへの退行」という2つの退行概念が用いられることになった。「自我のための退行」は精神分析の概念であり、精神分析は無意識を層に分けないので退行するレベルは1つである。ユングは無意識を個人的無意識と普遍的無意識に分けて考える。精神分析の無意識は、ユングのいう個人的無意識に概念的に近いので、概念的には「自我のための退行」は「個人的無意識レベルへの退行」と考えられる。つまり、ロールシャッハで測定されるような、「個人的無意識レベルへの退行」と「普遍的無意識レベルへの退行」が同時に生じているということもできる。しかし、ロールシャッハ反応そのものを見ると、普遍的無意識レベルの反応と言ってもいいものもあり、ロールシャッハテストの「自我のための退行」も、単に個人的無意識レベルに留まっているとは限らない。今後は、「自我のための退行」と「普遍的無意識レベルへの退行」の関係、また、ロールシャッハテストにおける「普遍的無意識レベルへの退行」について検討し

ていく必要があると思われる。いずれにせよ、1人の芸術家の中でRISEが変容する様子を検討できたことは、1つの成果だと言ってよいだろう。

第Ⅲ部

「なぐり描き（Mess Painting）」法を用いた研究

第6章

「なぐり描き（Mess Painting）」法の
4つの事例研究

1. 目的

　本章では、MP法の4つの事例を取り上げ、面接経過・描画の変化を分析・
検討することによって、この技法のRISE促進作用とそのプロセス、また、
RISE促進作用によってもたらされるものが何かを検討することを目的とす
る。

2. 事例研究：かなり深い退行を見せた一般群・A

2-1. 事例A

　Aは29才の男性カメラマンで芸術方面への関心が強い。生計はアルバイ
トで立てている。なぐり描きに積極的に取り組み、この技法の効果を高く評
価した。今までに何度か個展を開き、MP法を始めた時（9月）は、5月に終
わった個展と10月にやる個展の間で気が抜けた感じでいた。何をするにも
邪魔くさくてエネルギーが出てこない。そういう状態の中、個展の準備の
きっかけを掴みたいと思って、AはMP法に臨んだ。

2-2. 面接経過および自己進化的描画

20-②とは第20S.の2枚目の自己進化的描画であることを表す。また②とだけ書かれているところは、そのS.での2枚目の自己進化的描画であることを表す。

◆第1週面接（第1回　1〜4S.）

1ヵ月後に個展を控え、「少しは写真に取り組む気が出て」きているが、まだ十分乗り気になっていない。なぐり描きについては「喜んで（なぐり描きをする部屋に）通っている」と語る。Aはなぐり描きのスタイルが気にいったようである。

◆第2週面接（第2回　5〜8S.）

個展については、「準備はそれほどしんどくなく始められたけど、うまく行っている感じがない。スランプの感じ」と語る。なぐり描きについては「あの、すっすっと描く感じが日常生活でも出たら」と語り、なぐり描きの退行状態では、エネルギーがスムーズに流れ、それが心地好く感じられているようであった。

◆第3週面接（第3回　9〜12S.）

1S.につき1枚の自己進化的描画を描き始める。この週は調査者と調査協力者の都合で時間が十分取れず、自己進化的描画についての話し合いのみだった。

この週の自己進化的描画では、第9S.にまず自画像を描いた［図A-1（9-①）］。これについてAは「丸は自分だと思う。間延びして、間抜けだと思って白を散らした。こそっとしてちょこねんと座っている」と語っている。またAはこの絵に、個展前の「不安な感じ」を感じており、不安感を前にして縮こまっているAのスランプ状態が伝わってくる。第11S.は退行がより深まったのか、無意識の深みを示すような「広大無辺であまり光のない夜空か海の底」を描いた。Aによれば、その絵には「ネガティブな気分」が反映されているそうである。第12S.では、一次過程的な欲動のレベルに退行し、血や肉のイメージが出てきた。「なんでこんな色になったんだろう。汚い幻

想。鮮やかにしようと思ったけどこんなになってしまった。脳味噌の中の血がこんなに濁ってしまった。おっさんの体になってしまったという後悔」と語った。破壊的(死の)欲動の持つエネルギーがうまく解放されず、心の奥底にわだかまっていることが表れているようである。Aは、この絵を通じて、自分の不健康な感じをはっきりと意識化したようである。

[図A-1 (9-①)]

◆第4週面接 (第4回　13〜16S.)

自分の不健康さを認識したAは「元気じゃないという感覚、健康じゃないという感覚がずーっとどこかにあって、健康になりたいという感じが切実になってきた」と語った。退行することによって、停滞した破壊的(死の)欲動のわだかまりに触れ、それが逆に新しい心の動き(生の本能)を生じさせたようだった。Jung (1928b/1995) の言葉を借りて言うならば、無意識の補償作用が働き始めたということができよう。また、「本当なら凄く落ち込むはずなのに、あまり気にならないことがあった。平常心が保てる。なぐり描きのあとの落ち着いた感じに似ている」「よくいらいらしてたけど、まあこれでいいやとぼーっとできるようになった」と語り、なぐり描きのRISE促進状況がAに心理的安定をもたらしていることが分かる。また「なぐり描きの感じと被写体を撮る感じが似ている」と創作時の退行状況との類似も述べている。他に「中学、高校の頃の感覚を思い出す。懐かしい、とても大こな感覚だけど、いつの間にか忘れてしまったような感覚」と、無意識の中の過去の記憶が活性化していることも報告し、時間的退行も生じていることが分かった。

この週の自己進化的描画では、第13S.で、「健康になりたい」という気持ちを描画を通じて表現した[図A-2 (13-①)]。「赤を入れたら鮮やかになるだろうと思って。赤はきれいな血。もっと濃くしたかった」。さらに第15S.に

描いた絵は、「スピードの表現。安定したいんだけど安定したくない。自分の中で色んな方向へ行きたがっているもの。(心の中の)矛盾、葛藤を感じる」。Aは、今度は心の中にある相反する気持ちの葛藤に直面したようである。停滞している自分の生のエネルギーを

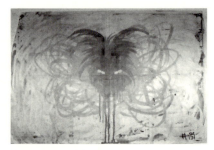

[図A-2(13-①)]

どうにかしたいという思いが表現された後、自分のこれからの方向性のイメージが出てきたともいえる。しかし、その方向性は、まだ葛藤しており定まっていないことが分かる。

　絵そのものは動きがありエネルギーが感じられるが、そのエネルギーが建設的に使われていないことがAの言葉から分かる。その次のS.では、再び「海の底」のイメージを描く。前回の光もささない抑鬱的な感じのする絵とは違って、この絵では「いのちが勝手に踊っている」。前週からこの週にかけて、自分の不健康な感じを認識し、健康になりたいという気持ちが生じてきたわけだが、そういう新しい心の動きが心の奥深いところで生じていることをこの絵は反映しているようである。Aはすべてのs.が終わった後で一番好きな絵としてこれを選んだが、「今見るとデカダンな感じもする」とも述べた。絵を描いた時点では、まだ生命力の停滞、エネルギーの停滞があったことを、Aは振り返ってこの絵から感じたようである。

◆第5週面接(第5回　17～20S.)
　前週の「海の底」の絵から予測されるように、活動面での変化や変化の兆しが語られた。「部屋の配置換えをしたい」「もっと環境の良い所へ引っ越したい」「どこかへ行きたい気持ちが強い」というような、新しい環境に自分の身を置きたいという欲求が顕著になった。これは健康になりたいという言葉に示されるような、自分をかえたい気持ちの行動面での表現かもしれない。また、「長い間埃を被っていたギターを変なチューニングで弾くようになっ

た。えらい気持ちが良かった」「久し振りに服を買った。買いたいと思って買ったのは本当に久し振り」など今までやらなかった活動が見られる。これはＡの無意識の中にとどまっていた欲求が顕在化し、昇華のための経路が開かれたからだと考えられる。

　この週は、日常面での変化を報告していたのとは裏腹に、自分が描いた自己進化的描画を楽しめない時期であった。最初の絵について「感覚が先に立たず頭でやってしまった。調子の悪い時の写真の撮り方を連想する」と述べている。第20S.の絵については、「嫌々泥んこの中を歩いている感じ。生きているのが嫌になっちゃうような」。これはＡが最初に語っていた、何をやるのも面倒臭いしんどい心理状態とも通じるかもしれない。一見克服する方向に向かうかと思われた、心理的に不健康で、生命のエネルギーが停滞している自分の内的世界に、再び退行することによって出会うことになったと言えるだろう。このように、あるテーマを克服したかのように見えても、再びそのテーマに戻り、そのテーマとの往復運動の中で少しずつ調査協力者が変わっていく様子は、他の事例でも見ることができた。

◆第6週面接（第6回　21〜24S.）
　最終週は心理的な変化について多くのことが語られた。「幼い頃の記憶をふと思い出した。あのときこんな感じがあったなあ、と。ものすごい喪失感があって、空しい、こわいと感じた」。Ａは4週目に中学、高校の頃のことを思い出しているが、（時間的）退行がより深まり、幼児期にまで至っていることが分かる。Ａはその内容については語らなかったが、前週の心理的にしんどい絵が、その記憶とどこかで結び付き、それがきっかけで思い出すことになったのかもしれない。また、日常生活のさまざまな局面に、なぐり描きのRISE促進状況が働き始めたようである。「イメージ、インスピレーションが湧きあがりやすくなった。とくにネガの整理にはインスピレーションがいる」「感情の流れがスムーズなのを感じる」「過敏ないらいらを誘うという意味ではなくて感覚が敏感になったような気がする。今まで以上に絵を作ろうという気がしなくなった。写真に関しては、いい時に自然にシャッターを

押せた」。最後の言葉は、前週のうまくいかなかったなぐり描きに対する「感覚が先に立たずに頭で描いてしまった。調子の良くないときの写真。現時点での撮り方」というコメントとは対照的であり、作為を捨てて制作する感じをなぐり描きを通じて掴んだようである。

　この週の自己進化的描画では、第21S.に、前週に引き続きネガティブなイメージの絵を描いた。今までに何度か描いた「海の底あるいは宇宙」で白い絵の具が踊っている絵だが、この絵に対してAは「やり方がとても不徹底。どこへも行けていない感じ。何にもなれずに自分から潰れてしまった感情とか意思とか」というコメントを残している。

　しかし、第22S.からAの絵に変化が出てくる。「いい状態が悪い状態を覆ってきている感じ」。第23S.で、再び自画像を描き、この週の報告を裏付けるような自己受容的なコメントをした。「なぐり描きと自分の絵が矛盾無く出来上がった。これも自画像みたいな気がする。そういうお前でええんと違うかという」。そして最終S.では、なぐり描きの心理的効果を表すような絵［図A-3（24-③）口絵］を描いた。「お祭りみたい。色んな感情の複合したものが抑圧されずにバーンとはじけた感じ。それが何かといわれると困るけど。地面と空を分けることを嫌と思わない。それが現実なら現実を認めようという感じ。そこに花火をうまく打ち上げられた」。これは第21S.の、抑圧されて「何にもなれずに潰れてしまった」感情を描いた絵とは対照的である。また、この絵では感情が単に爆発するのではなく、花火というある程度コントロールされた形でそのエネルギーが表現されているところが重要な点である。すべてのS.が終わった後で、約2ヵ月を振り返ってもらったところ、Aは次のような感想を述べた。「劇的に変わったわけではないけど、随分気分は違いますね。写真展にしても、搬

［図A-3（24-③）］

入した時点ではこんなんじゃ駄目だと思ったけど、終わった時点では、これでよかったと自分を肯定できるようになった。写真を撮ることがしんどい、邪魔くさいなーというのは今もあるけど、物を作ることに対して自信みたいなものを感じられるようになった。自分の作品に対してというのではなく、作る場面での自分自身に対する自信」「理想的ななぐり描きの状態は前からあった気がする。理想的にカメラを向けて、ネガを選べる心的状態と同じ。その状態をなぐり描きで定着する術が分かった気がする」。

2-3. Aの退行のプロセスに関する考察

　Aは、「なぐり描き」段階の退行状態に、最初からある種の心地良さを感じていた。退行状態に抵抗なく入っていき、スムーズにそのプロセスが進んだことが分かる。カメラマンという創造的な仕事の性質上、普段から退行の訓練が行われていることが、Aの言葉から分かるが、なぐり描きが創作に必要な心的状態を整えることになったようである。

　ただ、すべてが順調に進んだ訳では当然なく、第9S.に描いた自画像はあまりポジティブではなく「間延びして、間抜けだ…こそっとしてちょこねんと座っている」もので、個展前の「不安な感じ」を伴っており、Aのスランプ状態が伝わってくる。第11S.は、「ネガティブな気分」が反映されている「広大無辺であまり光のない夜空か海の底」を描いた。第12S.では、さらに、一次過程的な欲動のレベルに退行し、血や肉のイメージが出てきた。「汚い幻想。…脳味噌の中の血がこんなに濁ってしまった。おっさんの体になってしまったという後悔」と、ここでもネガティブな感想を述べている。いずれもRISEの結果、より深層にあるネガティブな心的要素に触れたことが分かる。Aは、これらの絵を通じて、自分の不健康な感じをはっきりと意識化したが、そこにとどまることはせず、そこから健康になりたいという「進展」とも言える心理状態が顕在化してきた点が興味深い。第13S.で、「健康になりたい」という気持ちを描画を通じて表現し［図A-2（13-①）］、「赤を入れたら鮮やかになるだろうと思って。赤はきれいな血。もっと濃くしたかった」

108 第Ⅲ部 「なぐり描き（Mess Painting）」法を用いた研究

と述べている。このプロセスこそまさに「自我のための退行」と呼べるものではないだろうか。ただ、その後の第15S.に描いた絵で、Aは「スピードの表現。安定したいんだけど安定したくない。自分の中で色んな方向へ行きたがっているもの。（心の中の）矛盾、葛藤を感じる」と述べ、今度は心の中にある相反する気持ちの葛藤に直面したようである。停滞している自分の生のエネルギーをどうにかしたいという思いが表現され、「進展」に転じるかと思われた後、葛藤して定まっていない自分のイメージが新たに出てきたともいえる。Aの心的プロセスを見ていると、単純にRISEが生じて、「進展」に転ずるというようなものではなく、ネガティブな心的素材との接触とそこからの進展、さらに再びネガティブな心的素材との接触というように、「退行」と「進展」との間の往復が見られることがよく分かり、RISEのプロセスの複雑さが垣間見える。

　そして、調査の後半では、この技法のRISE促進的側面が日常生活にいろいろな面で影響を及ぼしてきていることが分かる。例えば、幼児期の記憶の活性化に示されるような時間的退行、創作時の退行状態への入り易さ、「感情の流れがスムーズ」という言葉に示される抑圧の低下、無意識内にあった欲求の顕在化などである。しかし、第20S.の絵については、「嫌々泥んこの中を歩いている感じ。生きているのが嫌になっちゃうような」と述べており、一見、進展する方向に向かうかと思われていたが、生命のエネルギーが停滞している自分の内的世界に、再び退行することになった。上にも述べたが、MP法における変化は、単純な右肩上がりのポジティブな変化ではなく、RISEを通じてネガティブなテーマとの往復運動の中でテーマに向き合っていくプロセスと言ってもいいかもしれない。第21S.に、前週に引き続きネガティブなイメージの絵を描いた。「海の底あるいは宇宙」で白い絵の具が踊っている絵だが、「やり方がとても不徹底。どこへも行けていない感じ。何にもなれずに自分から潰れてしまった感情とか意思とか」と語っている。退行することで、意識化されずに終わってしまった感情の残滓に出会ったようでもある。しかし、第23S.で、再び自画像を描き、自己受容的なコメン

トをした。「なぐり描きと自分の絵が矛盾無く出来上がった。これも自画像みたいな気がする。そういうお前でええんと違うかという」。最終的に、RISEから自己受容的な進展への変化でS.は終わったが、さらにS.を続けていたら、再びネガティブな心的素材との接触⇔進展との往復を繰り返して、プロセスが進んでいったと思われる。

それから、退行の深さという点でAの退行は他の調査協力者と異なっていたように思われる。というのも、Aの絵は他の調査協力者の絵と比べて、かなり混沌としており、より深い世界へ退行している印象を受けるからである。最初は未分化で混沌とした世界が、最後の描画で天と地に分かれるというのは、創世の神話のような壮大なドラマであり、Aは心の深い所でかなり大きな心理的作業を行っていたのかもしれない。

描画とインタビューから、Aが深い退行を体験したことが推測されるが、客観的な指標を通して、その退行を実証的に検討することが必要であるだろう。次節のCの事例においては、ロールシャッハ法を施行して、MP法によるRISE促進作用を実証的に検討する。

3. 事例研究：類似したテーマに取り組んだ一般群・B、C

3-1. 事例B
3-1-1. B
メーカーに内定している理系4回生男子学生だが、社会人になることに抵抗を感じている。文系志向があり小説を書いている。面接では自発的に多くの夢が報告されたのが特徴的である。

3-1-2. 面接経過および自己進化的描画
◆第1週面接（第1回　1〜4S.）
まず、印象的な夢1が報告された。「いつも自分がやられるけど、今回は思いきり殺す夢。こんな夢は初めて。虫か何かで人間っぽい顔。苦しそうな

顔だけど思いっきり叩く」。普段攻撃衝動を感じないBが、夢の中でかなり生々しい攻撃衝動に退行している。これは、何も考えずに抑圧を低下させて、なぐり描きをする、MP法の技法上の特性が関与しているかもしれない。この夢以後、日常場面での攻撃的感情の表出が1つのテーマになる。

◆第2週面接（第2回　5〜8S.）

夢2「本屋でお化け屋敷をやっている。本屋の棚がどんでん返しでひっくり返って『ゲゲゲの鬼太郎』の歌が聞こえてくる」。本屋は、日頃Bが親しんでいる知的世界、思考の世界の象徴だろうか。その裏に潜んだ、理性では計り知れない世界が姿を表し始めているということかもしれない。ここまででBは、8S.120枚の自由ななぐり描きをしているが、その作業がBを退行させ、無意識の扉を開きつつあるということかもしれない。

◆第3週面接（第3回　9〜12S.）

一番大きな出来事は「飲んで河原でいっぱい歌ったこと。自分でも驚く」。さらに、「寛容だと思ってたけれど、感情がはっきりして攻撃的になり、人と口喧嘩」と語る。感情表現を以前より抑制しなくなってきた様子が見て取れる。

この週の自己進化的描画では、まず「蛇、なめくじが蠢いている感じ」という、おどろおどろしい心的内容に退行したことを示す絵を描く。これは、夢2「妖怪の世界」と繋がっているのかもしれない。グロテスクではあるが「嫌いではない」と語られており、コントロールできないまま受け入れ難い心的内容に退行した訳ではなさそうである。

◆第4週面接（第4回　13〜16S.）

「攻撃的になっていると家でよく言われる。急に犬や母親にあたったり」と前週に引き続き攻撃的感情について報告した。小説に関しては「インスピレーションが湧く時と、湧かない時の違いが分かるようになってきた。最近書くのが苦しいが、今までの苦しみとは質が違う。今までは理屈の枠組みがないと書けず、その枠組みをどう展開していくかが苦しかった。今はその枠組みが鼻について仕方がない」と語る。今までは意識的な思考レベルで小説

を組み立ててきたようだが、無意識の中から湧き上がってくるものが出てきて、意識レベルだけでは作れなくなったようである。これは、言い換えれば、創作中にRISEが生じつつあり、退行の結果掴んだものと意識レベルの枠組との間に葛藤が生じていることを表している。

　その他、「この数週間で、自分が変わってきたのが怖い」というBの言葉が印象的だった。

　この週の自己進化的描画では、まず「走る人」のイメージを描き「貧弱な感じ。動くイメージを出そうと思った。走る人自体は否定的な感じ」と語る。その後「縄跳び」［図B-1（16-①）］のイメージを描き次のように語った。「嫌ではないが、縄跳びはあまり良いイメージではない。『それ、跳べ、跳べ』という感じ。運動のイメージは好きじゃない。いいことだと一般に認められているから、動かねばならないという強迫観念みたいなものがある。（絵の方は）ひょいひょいという動きが快い」。

　この2つの絵は、Bの「動く」というイメージに対する両価的感情をよく表わしている。Bにとって、「動く」ということは、一方で強制的に「動かされる」という意味を持っているようだが、ここで「動き」のイメージが出て来たのは、強制的でない自由な「動き」のイメージが生じてきたからでもある。「走る人」では、その動きがうまく表現されていないが、「縄跳び」では、それ自体良いイメージではない縄跳びの動きに、快さを感じ始めている。この「動き」は心の何かの動きを象徴していると考えられる。

　また、面接で、創作時に意識レベルの枠組みが邪魔になっていることが語られたが、自由な心の「動き」に触れるようになって、枠組みが邪魔になってきたと考えることもできる。また、「『走る人』を描いている時、こんなん描けるんかと思った。予想外のイメージ

［図B-1（16-①）］

が出ている」と、描画時のRISEを通じて、自分の意図を越えたものが生み出されていることが報告された。

◆第5週面接（第5回　17～20S.）

　この週は、Bの都合で自己進化的描画の話し合いのみ。まず「踊る人」［図B-2（17-③）］を描く。これについては「『走る人』や『縄跳び』と同じだけど、憧れみたいなものがある。新しい試みで、あまり考えず速度に委せてやる。自分が変わる気がした」。前週に続いて「動き」のイメージだが、否定的イメージではなく「憧れ」を感じるようになっている。また、Bは、創作方法からも分かるように、良く考えて枠組みを決めないと動けない所があり、自己進化的描画でも先に頭で考えてしまうことが多かった。ところが、「新しい試み」としてこの週からそれをやめて、なるべく考えずに心に浮かんでくるものに従おうとした。このような作業はまさに、意識レベルの強すぎた統制を緩めてRISEへ入って行く心的作業と言える。4週目に「自分が変わってきたのが怖い」と述べているのも、今までの思考優先の有り様がRISEを通じて変わってきたことを示していると言っていいだろう。

　やり方を変えることで退行が深まり、「踊る人」以降は、「波」「夜中に降る雪」「火」［図B-3（20-③）］のイメージと、より原初的な自然物の「動き」のテーマが出てくるようになった。「波」は「怖い感じ。溺れかけた。安心できない感じ」で、無意識の深い所にある不安感を表わしているが、それを補償するようにその後で落ち着いた「雪」のイメージが出てきた。「火」については、

［図B-2（17-③）］

［図B-3（20-③）］

「気に入ってるけど、見ていて落ち着かない。こういう力強いものには憧れるけど、少ししんどい」と語られ、未だ扱えない激しいものがBの心の中にあることが、うかがわれた。

◆第6週面接（第6回　21〜24S.）

攻撃的感情については「家で出やすい。機嫌のいい子だったのに母親にやつ当たり」。また、夢3「些細なことで無茶苦茶怒って、怒り過ぎと思いながら快感だった」。さらに「好き嫌いを割とすっと言えるようになった。頭で考えてというのはなくなった」「計画倒れになるより、やろうと思ったことをやろう」とも述べている。いずれも先に述べた思考優先パターンが弱まり、感情や感覚が優勢になってきたことを表している。創作については「イメージが湧き易い。理屈で言わないでぼんやりした景色で掴みたい」と語る。この言葉は、前週邪魔になっていた「理屈の枠組み」が緩まり、RISEの産物との葛藤が減った事を表している。「理屈で言わずにぼんやりとした景色で掴む」という方法は、まさに自己進化的描画の方法そのものと言っていいだろう。

6週間を振り返ってBは「出す出さないは別として、感情が明確になった。理屈よりも感覚・感情が先行するように。『感性の時代』には反発があって、じっくり考える人間でいたかったので何となく不安。違った自分でいいとも思うが」と述べている。6週にわたるRISEの集中的なS.が、Bの有り様を変えて来たのは確かなようである。

この週の自己進化的描画では、まず「流れる川」を描く。「不安でひきこまれそうな渦とか、流れる線を描いているとしんどい」。前週に引き続き、心の奥の不安が水のイメージで表現されている。そして、再びその不安を補償するように、安心できる「書道」［図B-4（24-②）］のイメージが出て来る。「黒で切れのいい線を描こうと思った。昔、書道を習っていて、その先生が人格者。その場が逃げ場、安心できる場所。強制もなく、出来たのをいつも褒めてくれた」。4週目から、強制的に動かされるという「運動」のイメージが少しずつ変わってきたが、この絵でBは「強制」がなく自由に動けるイメージに辿り着いた。そして、Bは、最後のS.で大変印象的な「象」のイメージ［図

114　第Ⅲ部　「なぐり描き（Mess Painting）」法を用いた研究

[図B-4（24-②）]

[図B-5（24-③）]

B-5（24-③）口絵］を描いた。「描いている時は一番楽しかった。うまくいかず諦めて描いたら、ふと象のイメージが出てきた。象は悲しくていい。大きくておどおどしていて好きな感じ。生まれて初めて自分で描いた絵という気がする」（下線筆者）。Bはまだ気づいていないが、この象はBの心の奥の自己像だと言っていいだろう（面接で自己像を表す絵を聞いてみたが、この象は選ばれなかった）。

　Bは、最後に全ての自己進化的描画を振り返ってみて、「すごく感じるものがある。玉葱の皮をむくようにして描いていっている」と述べ、退行が深まりつつ描画が進んだことを感じ取っていた。

3-2. 事例C

3-2-1. ロールシャッハ法の施行

　A、B2名の調査を終了後、インタビューによって描画の内容と変化および心理的な変化について聴き、RISEを検討するだけでは、RISEの変化に関する検討が客観性にかけるので、客観的なRISEの指標の変化を提示する必要性が感じられた。そのため、テストデータによる補足が必要と考え、調査協力者Cには、本法の実施前後にロールシャッハ法を施行し、ロールシャッハ法に現れる客観的なRISEの変化を検討した。2回目のテスト終了時に、1回目のロールシャッハ法の反応も見てもらって、その時点で1回目の反応をどのように感じるかも併せて述べてもらい、感想の変化も検討の材料にした。

3-2-2. C

19才の女子学生。芸術方面の関心が強く、美術サークルで創作活動を行っている。興味の方向がいろいろで、これから自分がどういう方向へ進んでいったらいいのか迷いを感じているようである。その迷いをふっきるきっかけにしたいと思って「なぐり描き」に取り組んだ。

3-2-3. 面接経過および自己進化的描画

◆第1週面接（第1回　1～4S.）

印象的な夢が報告された。「危険な爆発の起こる夢。1番の部屋にいて爆発が起こるという確信がある。5番の部屋であるかもしれない。長袖に着替える。爆発したのは1番の部屋。空白地帯があり、そこまで行けば大丈夫だと思う」。この夢はなぐり描きと関係があると思われる。長袖に着替えることは、なぐり描きの前に作業着に着替えることと関係があり、爆発は、退行していくことへの不安と、意識下の何かが突然出てくる危険性を表しているのかもしれない。ここでは、空白地帯（何かは分からないが）に行けば大丈夫ということなので、爆発の危険性に注意しつつ、継続を決めた。

第2週面接（第2回　5～8S.）

「何かしたいけどすることがない…自分が不安定で何も実際には滑り出してない」と語り、「自信のなさ」が原因の1つだと仄めかした。

◆第3週面接（第3回　9～12S.）

「なぐり描きの時、すごく感じていることがある。書き留めるまでには至らないけど」と、落ち着いて退行できるようになったことを報告した。馬場（1981）は、RISEを行うには「二次過程の心理状態に自分が立ち戻れるという自信」が必要であり、その自信は「自我が退行しても大丈夫だという経験の積み重ねからくる」と述べているが、Cはここまで12回の退行S.を繰り返すことで、その自信を手に入れ、最初の夢に見られた不安や危険は、大分減少したと思われる。

この週の自己進化的描画では、「火のイメージ」を描き、「自分が見てない、

表に出てない部分がわっと出てきた。素直に見れるけどしんどい」とコメントした。その後描いた絵 [図C-1 (10-①)] は、「自分の中の見えてなかった部分が出てきた感じ」で、CはMP法のRISE促進作用によって、今まで十分意識化していなかった心的内容に触れるようになったことが分かる。また、第11・12S.の絵について「寂しい感じがする」と言っていたのが印象的だった。

◆第4週面接 (第4回　13～16S.)

Cの都合により、自己進化的描画の面接のみ。この週の絵は、紫と白を基調にして一面に塗り込んであり、静謐で動きや時間が止まった印象を受ける。「1人で寂しいという感じ。そういう状態を割と肯定してるけど」。Cは、先週に引き続き退行することで寂しさを感じているが、その後の絵 [図C-2 (16-②)] では、「手探りで行く全然見えない状態で、ほっと落ち着いた感じ。見えないことに不安を感じていない」と寂しさが消えたことを報告している。しかし、「ここを越えなきゃ駄目」とある種の行き詰まりを感じていることも語られた。

◆第5週面接 (第5回　17～20S.)

2年ぶりに版画を作る。創作のエネルギーが、漸く彼女の心の中に生まれてきたようである。また、「服の色合わせが自由に。今まではこうじゃなきゃ駄目という固定観念があった」と語る。意識的な枠組みによって縛られることが減り、自由な心の動きが生じてきたようである。

[図C-1 (10-①)]

[図C-2 (16-②)]

第6章 「なぐり描き(Mess Painting)」法の4つの事例研究　117

　この週の自己進化的描画では、最初の絵は、画面の下から放射状に線が勢いよく飛び出していく絵である。「版画を作る前は自分に迷いがあったが、作ることでこれからの動きに目鼻がついた。それで、これを描いている時は迷いがない。見ていてすごく気持ちいい。一番自分が出ている」とBは述べ、第4週の終わりに感じていた息詰まり感を見事に打ち破っている。この絵は、迷いなく進むCのポジティブな自己像を示していると言って良いだろう。また、その後で「火祭りの火のイメージ」を描き、「こういう祭りの中に入って行けたらなあ。こないだの火祭りの時は、中に入っていた瞬間があった。でも普段は入っていけない。描いている時には入っている感じがあった」と語った。その一方で、「自分の作為的な面が出てる大嫌いな」絵［図C-3（19-③）］を描き、再びそれを補償するように、肯定的な自己像「しなやかに生きてる自分」［図C-4（20-③）］を描いた。このように、Aの場合もそうであったが、MP法によって、ポジティブな自己像が次第に増えてくるというような単純なものではなく、退行によって、ネガティブな自己像、ポジティブな自己像双方に向き合うことになり、その両価的な自己像と向き合うことによって、新たな自己像が生じてくることが分かる。

◆第6週面接（第6回　21～24S.)

　「イメージがある程度具体的に出てくるようになった。具体化しようという意欲が出てきた」と、イメージがはっきりして、創作のエネルギーが湧いてきたことを前週に引き続き報告した。また、「自分を肯定的に見るように

［図C-3（19-③）］　　　　　　　　［図C-4（20-③）］

なっている。始めた頃はすごく自信がなかった」とも述べている。

この週の自己進化的描画では空白が増えている。前週の全体を埋め尽くす混沌としたエネルギーに、少し秩序が与えられたようである。[図C-5 (23-③) 口絵] は、この週に外出した時味わった退行的な体験がきっかけとなって出来上がった。「××へ行って自然との一体感を感じた。自分が大きくなった感じ。風景に横への広がりを感じた。それを表すのに全面を埋めなくてもいいと思ったけど、下の空間があいているのが不安で最後に埋めた。そこにエネルギーみたいなのを感じる。だけど自分の中のそういうエネルギーを表現しきれていない」。退行することで自分の中に感じられたエネルギーが、下の白い部分で表されているが、塊になったまま動き出す気配が感じられない。何らかの不安定感を支える為に、そのエネルギーが使われているようでもある。しかし、Cは最後の自己進化的描画 [図C-6 (24-③) 口絵] で見事にそこを越えたことを示した。[図C-6 (24-③)] では下の空間が白く埋められる代わりに、飛んでいく白い鳥が3羽描かれている。このS.での退行によって、[図C-5 (23-③)] の漠然としたエネルギーが、飛んでいく鳥という動きのある具体的イメージとなって結実したと言ってよいだろう。Cは「これは一番好き。心が和む。下の空間があいていても不安でない」と述べた。

最後にCは今までに描いた絵を振り返って「初めの頃の絵にはあまりエネルギーを感じない」と述べ、心の中に生じた変化を感じ取っていた。

[図C-5 (23-③)]

[図C-6 (24-③)]

第6章 「なぐり描き（Mess Painting）」法の4つの事例研究　119

3-2-4. Cのロールシャッハ法の変化

　2回にわたるロールシャッハ法のlevel1反応の比較をする前に、ロールシャッハ法の一般カテゴリーで変化があるかどうかを確認しておく。総反応数、W、W%、主決定因、CR、（Ⅷ＋Ⅸ＋Ⅹ）/R、A%、F%、W:M、M/W、M:SumC、SumC/M、平均形態水準を比較してみた結果が［表6-1］である。なお、2回とも出てこなかった決定因は省略してある。

　大きな変化は、総反応数が18から10へと半減していることである。また、FMが0から3に増大していることである。総反応数が半減しているが生産性が減っているわけではないようである。試みに、第1、2回目の自由反応、質問段階反応の発言量を調べたところ、第1回目は自由反応段階、質問反応段階合わせて556行であり、第2回目は387行であった。これを反応総数で割ると、第1回目は1反応平均が31行であり、第2回目は1反応平均は39行であった。反応数は減っているが、その代わり明細化の量が増えていると言えるだろう。したがって、反応数の減少は、生産性が減っているというより、1つ1つの反応に関する明細化にエネルギーを費やすようになった結果だと考えることもできるだろう。FMの増大に関しては、後のlevel1反応の変化と関わ

［表6-1］　Cの2回にわたるロールシャッハ法の一般カテゴリーの変化

	1回目 （実施前）	2回目 （実施後）
R	18	10
W	14	10
M	7	5
FM	0	3
Fm+mF+m	2	1
M+FM+m	9	9
Fc	3	0
F	1	0
FC'	1	0
FC	1	0
C	1	1
FC+CF+C	2	1
CR	12	11
（Ⅷ＋Ⅸ＋Ⅹ）/R	0.28	0.3
W%	0.78	1
A%	0.11	0.4
F%	0.06	0
W:M	14:7	10:5
M/W	0.50	0.5
M:SumC	7:2	5:1.5
SumC/M	0.29	0.3
平均F.L.	1.72	2

らせて論じたいと思う。

次に、Cのロールシャッハ法の結果を、Holt（1977）の一次過程の基準を用いて、level1への退行という点から比較検討する。

1回目のテストでは、独特な反応の明細化であるAuEl1や、特異な象徴化を示すSym1が多く見られた。これは馬場（1988）や第3章、第4章で扱った美術専攻大学院生、芸術家の特徴であり、Cには芸術家に見られるような退行の資質が元々備わっていることが分かった。2回のロールシャッハ法を比較した結果、level1反応の量的変化は見られなかった。そこで、2回とも類似内容を示した反応で、level1要素が、細かい点でどのように変化したかを主に分析［表6-2］、［表6-3］し、ロールシャッハ法の変化を次の4点にまとめた。

（1）AuEl1（自閉的な明細化）の消失・軽減

1回目の特徴的なAuEl1は、「頭の部分で支配する、支配される」（V、X図）という明細化である。このテーマは、「知的なもの」がCの自由な心の動きを抑制していることを示している。2回目の反応をみると、V図ではそのテーマが消え、X図では「押さえらえている…リラックスしたら動き出すだろう」に変わっており、「知的なもの」に対する過度な囚われが緩んできたことが分かる。これは、MP法が「知的なもの」、即ち、二次過程的な働きを緩め、その結果、感情的・非論理的なものをより自由に働かせる作用を持っているからだと考えられる。2回目のロールシャッハ法施行後に、1回目の反応に対してなされたコメントは、上記のことを裏付けている。「前回は生物学的な相関。今度はそういう理屈でなくて、気持ちの上での信頼感」（Ⅷ図）、「嫌い、理屈っぽくて嫌」（X図）

（2）CtrL1（論理的矛盾）の消失

1回目の3つのCtrL1は皆「不安定な状態がそのまま安定している」というテーマに属している。これは当時のCの心理状態を表現していると思われる。それが2回目ではすべて消えているが、それは心理的安定へ変化したのではなく、「不安定の美」や「不安だけど踏み出してみなければ分からない…

第6章　「なぐり描き（Mess Painting）」法の4つの事例研究　121

[表6-2]　2回とも類似内容のlevel1要素の変化

1回目	2回目
II図（W） (1)東洋の人が2人。向かい合って手を合わせている。そこに心的エネルギーが流れているというか、普遍的な宗教的なエネルギーが流れている。静かな中にピーンと張ったものがある。図形は柔らかい感じだけど、ピーンと張り詰めた感じ。**（CtrA1weak③）[質問段階]**　顔。しゃがんでいる。（エネルギー）赤い色。接点で何かはじけている。（静的）姿勢。その裏に緊張みたいなのがある。（柔らかい）顔の赤、体の斑点が温かい感じを加えている。	II図（W） (1)沈黙の世界を表している。2人の人が手を合わせて向かい合った状態。沈黙の中にある種の緊張感とある種の安堵感が共存。**（CtrA1weak③）**この間を目に見えないエネルギーが通じ合っている。2つの個が1つになるという感じかも。**[質問段階]**ここ（手の所）にエネルギーを感じる。（沈黙）静なる感じ。どこからかは分からない。すごい落ち着いた感じ。（人）しゃがんでいる。（緊張感）沈黙の世界というところから。（安堵感）赤が温かい感じ。
III図（W） (1)ダンス。1人でぐるぐる回るから、2人に見える。実は1人。動的なばねのあるイメージ。赤の部分が、そのダンスが陽性という感じ。踊っている人が自分の世界にひたっている状態。踊っている本人のイメージの中での自分の踊っている姿。**（AuEl1④）[質問段階]**　足。ひざ。靴。胴。手。足。顔。鼻。肩から背中。（1人）対称なのに見詰め合っている感じ。2人だったら見詰めない。頭に浮かんだイメージ。	III図（W） (1)やっぱり回転のイメージ。例えば旋回する鳥とか。どこからというわけじゃないけど。**（AuEl1④）**その動きは楽しさと同時に、悲しさも持っているような。**（CtrA1weak③）[質問段階]**動きを凄く感じる。この辺（中央下の部分）の放射状に出ている所から、回転のイメージ。（鳥）一瞬鳥に見えた。**（AuEl1④）**頭（上部側方黒色部）の部分から。（楽しさ）絵のイメージ。（悲しさ）この赤（両わき）が凄く悲しい感じがした。前回よりもっと自由な動き。
V図（W） (2)1つの氏族、民族を制覇している女王というか、おばさんの顔。非常にブレイン的。本当に頭が良くて、頭の部分だけで皆を支配している感じ。何でかと言うと、顔もそうだし、ここ（中央部）を体として見た場合、胴が貧弱。これ（側部）で皆の目を覆っている。**（AuEl1①）[質問段階]**　足の辺りが細くて、実際の体ではなくて象徴的に覆っている。（覆っている）広がり。黒がこい。目隠し。（おばさん）影の部分。怖い目がついている気がした。	V図 (2) 1回目と類似した反応はなし。
VI図（共にW） (1)ある国に伝わる幻の楽器。どんな音か誰も聞いたことがない。非常に悲しい音を出す楽器。本当にこの楽器を弾ける人と出会わない限り音を出さない。今はどこにあるかわからない。**[質問段階]**この部分（上部の色の薄い部分）が人間的な感じ。柔らかい風になびく羽というイメージがあった。 (2)彫刻のオブジェ。中途半端になって作れなくなった。完成されないままだから、非常に不安定だけど、長い間不安定なままほっぽらかされていて、不安定が安定になってしまっている感じ。**（CtrL1weak②）[質問段階]**　材質が木。真ん中に通っているものが固い芯が通っているイメージ。（未完成）ひりひりした痛みの感じを受けるが、それほどは感じなくてある程度の安定を感じた。	VI図（W） (1)前みたいな楽器は楽器。でも、悲しさだけでなく、怒り、喜び、悔しさ、いろんな要素を含んだ楽器。楽器自身の真の強さみたいなものを感じる。実際に存在する強さ。それに相対する人の中身を反映する。悲しい気持ちの人がこの楽器と対面すると、音だけでなく存在として悲しみを表す。やるぞという気持ちで対すると、やるぞという感じを表す。**[質問段階]**中心の持つ所（中央上部）。弦楽器。ここら辺（下部中央）が空洞部。（いろんな要素）相反するもの。統一体だけど反対の動き。怒りみたいなものも持っている。出っ張っている所にヴァラエティのきざしを感じた。 (2)　なし

Ⅶ図（W）	Ⅶ図（W）
(3)ここ（中央部と下部の接点）に接点があって、非常に上の部分は、不安定なんだけど、その不安定さにもかかわらず、下が安定している。上の不安定さは問題ではない。安らぎという感じ。**(CtrL1weak②)**［**質問段階**］ 積み重ねられている。	(1)彫刻。すごく大きい。彫刻としての芸術的意味は「不安定の美」みたいなのを言いたい。［**質問段階**］ 微妙にバランスを保っていて、不安定な感じ。
Ⅷ図（W）	Ⅷ図（W）
(1)自然の仕組みたいなのをユーモラスに描いた図。色の所が動物、植物を表す。一応安定した世界を作り上げている。<u>1つ1つは不安定で、全体のイメージとしては安定</u>。**(CtrL1weak②)**カタツムリ（下方オレンジ）。クマ（側方桃色）。ゾウ（中央青色）。ライオン（下方桃色）。カエル（上方灰色）。周りの接点は不安定だけど、しっかり結び付いている。でも、中心の鎖の輪みたいなのは不安定で、そこにメスを入れると崩れるかも。［**質問段階**］（接点）つかまっている。ねちっとした感じ。真ん中脆くて、ぷちっと崩れそう。	(1)いろんな動物がつながっているイメージ。カタツムリ。サル（下方桃色）。クマ。2匹のゾウ。環境で繋がっているのではなく、信頼関係の象徴。<u>足を踏み出す時は、不安だけど踏み出してみなければ分からない</u>。根本的なところで信頼感がある感じ。とういうかそれを持たなければ、やっていけない。<u>危険な可能性をふまえた上での信頼</u>。［**質問段階**］（信頼）共存。クマと他の動物の接点がすぽっといってしまいそうで、ちゃんと踏みしめていられないみたいな。色彩的にすごく明るい。なんかユーモラス。
Ⅹ図（W）	Ⅹ図（W）
(1)真ん中が人間。この2つは動物（外側青色・灰褐色）。この3つは植物（外側オレンジ・黄色、上方緑）。遊ぼ遊ぼと近付いて接触を求めている。真ん中の人間様は、同レベルで対応していない。王様のようにどーんと控えている。本当は裸でマントをかぶっているだけ。マントをとると皆と同じ。頭の部分に棒（上方灰色柱状部）が立っていて、これがどこまで続いているのか。この頭の部分を本来は自分でないものによって支配されている。この頭の部分で身動きがとれなくなっている。**(AuEl1①)**全体的に暖かい感じ。［**質問段階**］（人間）顔、体、胴、足。赤いマント。外界との接触をたつバリア。（遊ぼう）一杯足が出ていて、ひっかかりを求めている。（マント）隔てる、保護するというイメージ。	(1)ある島国の酋長の息子の成人式。終われば一人前の大人という晴れの日。立派なガウンを着せられて、沢山の人がお祝いにきて。彼自身はちょっと緊張。でも将来に希望を持った状態。全体としてすごく明るい感じだけど、今日から大人なんだという気負いの中に、子供の要素から絶対に抜けられないという気分が大きくて、今は式というので頑張ろとう。ふと目をそらしたら、ガウンだけ残っていて、彼は逃げちゃったということがありそう。［**質問段階**］（緊張）頭の棒の部分で押さえられている感じ。リラックスしたら動き出すだろう。**(AuEl1①)**（逃げちゃった）ガウンがこの人にはしっくりこない。頑張り過ぎ。今はかろうじて押さえられているけど、すこんとここがなくなってもいいんじゃないか。

（注）Cの実際の反応はもっと長かったが、ここでは分析に関わる叙述に絞った。下線がスコアリングの根拠を示し、破線は分析の中で言及しているところを示す。丸数字は分析の項目を示す。記号の後のweakは、その反応が、それほどはっきり記号化されるものではないことを示している。

危険な可能性を踏まえた上で」と不安定であることが強調されている。「不安定の安定」というテーマは、不安を防衛する為の反動形成であり、それがMP法のRISE促進作用によって崩れ、防衛していた不安が意識化されるようになったと言えるだろう。しかし、単に不安に脅かされるようになった訳ではなく、不安を不安として認めていこうという態度が特徴的である。

第6章　「なぐり描き（Mess Painting）」法の4つの事例研究　　123

[表6-3]　分析（1）～（4）に関わるlevel1カテゴリーの変化

		1回目		2回目	
分析	図版	記号	スコアリングの根拠	記号	スコアリングの根拠
（1）	V	AuEI1	1つの部族というか民族を制覇している女王というか、おばさんの顔。非常にブレイン的。本当に頭がよくて、頭の部分だけで皆を支配している感じ。…これで皆の目を覆っている感じ。	なし	
	X	AuEI1	頭の部分に棒が立っていて、頭の部分を本来は自分でないものによって支配されている。この頭の部分で身動きがとれなくなっている。	AuEI1	頭の棒の部分で押さえられている感じ。リラックスしたら動き出すだろう。
（2）	VI	CtrL1weak	長い間不安定なままにほっぱらかされていて、不安定が安定になってしまっている感じ。	なし	
	VII	CtrL1weak	この上の部分は不安定なんだけど、その不安定さにもかかわらず、ここが安定している。	なし	「不安定の美」を表現した彫刻。「微妙にバランスを保っていて、不安定な感じ」に変化。
	VIII	CtrL1weak	1つ1つは不安定で、全体のイメージとしては安定。	なし	足を踏み出す時は、不安だけど踏み出してみなければ分からない。…危険な可能性を踏まえた上での信頼。
（3）	II	CtrA1weak	図形は柔らかい感じだけど、ぴーんとはりつめた感じ。	CtrA1weak	沈黙の中にある種の緊張感とある種の安堵感が共存。
	III		なし	CtrA1weak	その動きは楽しさと同時に、悲しさみたいなものも持っているような。
（4）	III	AuEI1	ダンス。1人でぐるぐる回るから、2人に見える。…踊っている本人のイメージの中での自分の踊っている姿。	AuEI1	回転のイメージ。例えば旋回する鳥。…動きをすごく感じる。…一瞬、鳥に見えた。頭の部分から。…前回のダンスよりもっと自由な動き。

（注）記号の後のweakは、その反応が、それほどはっきり記号化されるものではないことを示している。

（3）CtrA1（感情面での矛盾）の出現・強化

Ⅰ図では1・2回ともCtrA1weakがスコアされたが、「柔らかい感じだけどぴーんと張りつめた感じ」から「緊張感と安堵感」という相反する感情の表現に変わっている。また、Ⅲ図では、2回目で「その動きは楽しさと同時に、悲しさも持っている」でスコアされた。これらのlevel1反応の変化・出現は、無意識レベルにあった対立・葛藤するさまざまな感情にＣがより近づいた為

124 第Ⅲ部 「なぐり描き(Mess Painting)」法を用いた研究

に生じたと考えられる。直接スコアリングとは関係ないが、Ⅵ図の「楽器」は、1回目は「悲しい音」しか出さなかったが、2回目では、「悲しさだけでなく、怒り、喜び、悔しさ、いろんな要素を含」むようになっており、上記の変化を裏付けている。

(4) 新しい内容のAuEl1の出現

2回目で内容的に新しく出現したAuEl1は、Ⅲ図のものである。Cは、中央の放射状に出ている所に回転の動きを強く感じ、脇の形が一瞬鳥に見えたので、その2つを結びつけて「鳥の旋回」と反応した[表6-2参照]。これは、AuEl1というよりAuLg1(自閉的論理)に近い、現実検討力の低下した反応と言えるかもしれない。元々退行しやすい性質を持っているCは、なぐり描きの退行S.を繰り返すうちに、より深い、自我によるコントロールを超えた退行を起こすようになった、と考えることもできる。一方、反応内容の面から見ると、この反応はこれまでのCのプロセスと深く関わっていることが分かる。Cは最後の絵で、空を飛んでいく鳥を描いたが、この絵は「風景の中で自分がなくなる」という、かなり深い退行を体験した時に感じたエネルギーを表現したものだった。ロールシャッハ法で見られた「鳥の旋回」は、この「鳥の飛行」のイメージと重なっていると思われる。Cにとって、自分が描いた中で一番好きなそのイメージが大きな意味をもっていたに違いない。ロールシャッハ法の退行中に、以前の深い退行の中で生じた鳥のイメージが浮かび上がり、それに引きずられる形で、現実検討を十分できないまま、この反応が生じたのではないだろうか。この鳥で示された、心の深い所にあるエネルギーは、恐らくそう簡単に自我に統合できるものではないのかもしれない。そのため、そのエネルギーが、ロールシャッハ法での退行後の推敲・現実検討などの自我機能を活動させるエネルギーとして十分に用いられなかったと考えられる。

以上をまとめると、level1反応の消失・軽減は、①二次過程的な知的なものへの過度な囚われの軽減、②無意識レベルの「不安感」の意識化を示し、

level1反応の出現・強化は、①無意識レベルの相反する感情との接触、②まだ統合されていないエネルギーの出現を示しているということになる。

RISE促進作用を持つMP法が、level1反応を減少させるのは、矛盾しているように思われる。しかし、MP法には、RISE促進作用だけでなく、退行時に出会った素材を自己進化的描画にまとめあげたり、面接で報告するという、自我による関与・推敲、自我への統合という進展（progression: Kris, 1952/1976）を促進する働きもある。その退行→進展というプロセスによって、Cの心的内容に変化が生じ、心理的葛藤や統合されていない不安感などが元になって生じていたlevel1反応が、消失したと考えられる。

3-3. B、Cの退行のプロセスに関する考察

2つの事例を通じて明らかになってきたMP法のRISE促進作用について、Cのロールシャッハ法の変化も参考にしながら、以下4点について考察する。

（1）意識化されていなかった感情の体験

最初の夢で暗示されていたが、BはMP法の期間中にそれまで感じたことのない攻撃的感情に触れるようになり、それがあまり統制されないまま日常場面で表現されるようになった。気になるのは、大事なテーマであるその感情が、「なぐり描き」中の退行状態では感じられず、自己進化的描画のテーマにならなかった点である。少しずつその感情内容に退行していったというより、最初の夢のように無意識のコンプレックスに同一化してしまって、行動化が生じていたようにも見える。つまり、MP法には、無意識レベルの衝動を自我に統合しないまま解放してしまう危険性もあると考えられ、その点は、面接等できちんと扱い、言語化する必要があると思われる。

攻撃的感情以外では、Bは自己進化的描画時の退行を通じて、心の深い所にある不安感とそれを補償する安心感という相反する感情の間を行き来しながら、自分の心の中を探っていった。

一方、Cは「寂しさ」から「安心感」を感じるようになり、その後さまざま

126　第Ⅲ部　「なぐり描き（Mess Painting）」法を用いた研究

な自己像に出会う中で、それまで気づいていなかった、自分に対する種々の感情を体験することになった。彼女が無意識レベルの感情に触れるようになったことは、ロールシャッハ法の結果［表6-2：Ⅵ-(1)、Ⅶ-(1)参照］も裏付けている。

　両者とも退行のS.を通じて自分の感情に触れて変化が生じてきたことは、最後のコメントにも表れている（下線筆者）。「出す出さないは別として感情が明確になってきた。理屈より、感覚・感情が先行するようになった」(B)、「自分のやりたいという気持ちに言い訳しなくなった。楽しい、悔しい等の感情的なものにも言い訳がなくなった。感情をごまかさないようになっている」(C)。

　(2) 自己像との出会い

　特にCは、自己進化的描画時のRISEの中でさまざまな自己像に出会った。「作為的でなく本当の所がでている」が、見るのが「しんどい」自分や、「見えてなかった部分」と出会い（第3週）、「迷いがない…気持ちいい」自分→「作為的な面が出てる大嫌いな」自分→「しなやかに生きてる自分」（第5週）というように相反する自己像の間を揺れ動きながら、自分を確かめていった。そのプロセスを通じて、少しずつ自己肯定感（「自分を肯定的に見るようになっている。始めた頃はすごく自信がなかった」）を身につけていった。

　一方、Bは、自己像がテーマになることは少なかったが、最後の絵で心の奥にある自己像に辿り着いた。「描いている時は一番楽しかった…生まれて初めて自分で描いた絵という気がする」という言葉から、心の奥にあるものを表現できた喜びが感じられる。馬場（1981）は日常におけるRISEの1つに、「自分の感情に一番ぴったりくる言葉や態度で、言いつくせた、解放できたと感じられるような」自己表現を挙げているが、この絵は、まさにそのようなRISEの産物だと言っていいだろう。

　(3) 心の奥にあるエネルギーへの接近

　RISEの効用の1つに「心の奥底にあるものが生命力や活力として生かされる」（馬場, 1981）ということがある。特にそれはCの場合はっきりしている。Cの絵は、第4週では、エネルギーが動いていない「手探りで全然見えない

状態」を示していたが、5週目に入ると、エネルギーが感じられるものになり、火祭りの「火」のイメージが描かれた。この絵のコメントから、祭りの時と絵を描いていた時は、退行することで「火」で示された高揚したエネルギーに触れることができたのが分かる。Cは3週目にも「火」を描いているが、その時の「火」は「自分が見ていない…表に出ていない」部分を示しており、見ていると「しんどく」なる激しい受け入れ難い何かであった。それに対し、この週の「火」は、そう簡単には近付けないが、肯定的で力強いエネルギーに変わっている。そして、第6週では、退行して自然との一体感を体験した時の「自分の中の」エネルギーがテーマになり、最後にそのエネルギーが鳥という形で見事に表現された。鳥は「固着した…状態からの解放であり、…行き詰まり状態から、よりすぐれた、より成熟した発達段階への移行」(Jung, 1964/1972) を表し、心の「内部で変容が現れる時、描画の中に鳥が現れる」(Allan, 1988/1990)。従って、この鳥は変容のエネルギーを表していると言えるだろう。Cの「初めの頃の絵にはあまりエネルギーを感じない」という言葉は、「なぐり描き」を通じて少しずつ、心の奥にあるエネルギーに触れられるようになったことを裏付けている。ロールシャッハ法の一般カテゴリーにおいてもFMが0から3に増えたということも、心的エネルギーの増大と関わっていると思われる。ただし、ロールシャッハ法の結果 [表6-2：III-(1) 参照] からも分かるように、Cはそのエネルギーを十分統合できた訳ではない。その点は、今後のCのテーマとして残されている。

　一方、Bは心の奥のエネルギーに「動き」のイメージを通して近づいていった。この「動き」は、(4) で述べる硬直した意識の枠組みに抑えられていた自由な心の動き・エネルギーだと考えられる。4週目にBは「動き」に対する両価的感情を表現したが、それは一方でその動きのエネルギーに触れつつあることを示していた。そして5週目には、まだ「憧れ」の段階で自分のものにした訳ではないが、「踊る」という動きにより生き生きしたエネルギーを感じ始めている。さらに、より深く退行し始めた5週目後半では、「踊り」より激しい原初的な「火」のイメージに出会っている。そして、6週目では「書

128 第Ⅲ部 「なぐり描き（Mess Painting）」法を用いた研究

道」のイメージを通じて、強制されない自由なエネルギーの動きに触れることになった。以上のようにBも、MP法のRISEを通じて、心の奥のエネルギーに少しずつ近づけるようになっていったことが分かる。

（4）意識レベルの硬直した思考の枠組みが緩むこと

Bは、自分の創作や心の動きに関して「理屈の枠組みが鼻について仕方がない…理屈よりも感情・感覚が先行するようになった」と語っている。また、Cの場合は、「固定観念」が緩くなり（第5週）、二次過程的な知的なものへの囚われが減少［表6-2：X-（1）参照］している。2つの事例を通じて非常に特徴的だったのは、「理屈」「頭で考えてしまう」という言葉で表されるような硬直した思考の枠組みが緩んできたということである。これは、MP法の退行を促す働きによって、二次過程的な思考の働きが緩まるからであろう。そして、このような硬直した思考の枠組みが緩むことで、それまで抑制されていた感情・感覚が働き始め、その結果、新しい動きが心の中に生じてくるのだと考えられる。

4. 事例研究：一般群D

6週間の描画のプロセスは、人によってさまざまであるが、筆者が第3節で見出した4つの視点は、MP法によるRISE促進作用の効果を見るために、有効であると思われる。本研究では、事例Dの6週間の描画の変化、心理的変化を概観した後、上記の4つの視点から、本事例を分析、検討することにする。

4-1. 事例D

文科系大学生。男性。文学や映画に興味があり、映画関係のサークルに所属している。自分でも映画を撮りたいと思っている。

4-2. 面接経過および自己進化的描画

第1、2週面接も行っているが、変化の見え始めた、第3週以降の面接に

ついて報告する。

◆第3週面接（第3回　9～12S.）

　Dはこの週から自己進化的描画を描き始める。描画に際して、「絵に対面していると、異質な何かに直面する怖さが半分と好奇心が半分ある」と語り、描画を通じて自分が意識していない部分に直面することに両価的な感情を抱いているようだった。面接では「創作したいという欲求が最近ある。小説のスケッチをしている」と語り、描画以外の創作に関して意欲が高まっている様子がうかがえた。

　この週の自己進化的描画では、真ん中から光が出ている周りに黒い囲いのようなものを描き込んだ絵を描いた。この絵についてDは「光があったら闇もないといけないと思って、黒を描き入れた。あまり気に入っていない。憂鬱な感じ。自分のがさつな感じが出ている」と述べた。これ以後、絵の1つのテーマとして「光と闇」のテーマが続いていく。

◆第4週面接（第4回　13～16S.）

　描画に関して、「汚すというのがうれしい。描き終わった後憂鬱な気分がなくなる。安らぎを覚える」と語り、3週目と異なり、描画を通してのRISEに抵抗がなくなったことがうかがえる。

　この週の自己進化的描画では、前週に引き続き「光と闇」［図D-1（14-②）］の絵を描く。これについて「鳥の鷲のイメージ。画面に広がる羽。身もだえしている感じがする」と語る。最終面接の時にDは、自己像をこの鷲だと述べ、苦悶しながら飛んでいる鷲に、苦悩しながら生きている自分を重ね合わせているようだった。その後で「鳩の軌跡」の絵を描く。これも鳩が飛んでいく軌跡を光として表そうとした

［図D-1（14-②）］

絵である。光の軌跡の上に黒を描き込んだが、これについて「黒が効いている。ちょっと陰惨な感じがするけれども」と述べ、光だけでなくそこに黒を入れないと気持ちが収まらないのが、Dの心理状態の特徴だと言える。即ち、明るいものの背後には常に暗いものがある、あるいは、ないと落ち着かない、という、予定調和的な明るい世界に対する不信感、嫌悪感が見え隠れする。

◆第5週面接（第5回　17〜20S.）

創作活動に関して、「8ミリを回したいと思っている。前、中断していたのを続行しよう」「ここをこう撮ったら面白いとか、よく思うようになった」「最近活発に頭の中でいろいろなイメージを探している。1つの固定したイメージが出てきた」と語り、3週目に引き続き創作意欲が高まり、自発的なイメージが出てきている様子がみて取れる。

この週の自己進化的描画では、「洞窟の中の夜光虫」を描く。これも「光と闇」がテーマになっているが、これに対して「半分気に入っているけど、単調。出口がない。下の真ん中に出口をつけようと思ったがうまくいかなかった」と述べ、出口がない閉塞感を述べている。その後「海と朝日」を描き「もう少し明るくしたかったけど、力強さを感じる」と述べ、前の閉塞感のイメージを少しは越えることができた。

◆第6週面接（第6回　21〜24S.）

創作活動に関して「8ミリを借りて撮ろうと思っている。構想はできた。近々始めて、完成すると思う」と語る。創作意欲が高まり、実際の創作行為に近づきつつあることが分かる。さらに「映画の見方が変わった。それまでは概念化して見ていた。全体的に見る感じだったが、細部の所に感動することが多くなった」と語る。これはMP法の非言語的なイメージを創出させる方法が、言葉で概念的、分析的に物事をとらえるDのものの見方を変えたと考えることができるだろう。

この週の自己進化的描画では、前週「海と朝日」の絵によってある程度閉塞感から抜け出ることができたが、再び閉塞感のイメージを描く。「束になって流れるイメージ」がそれで、「出口のないところに流れていく。堂々巡り。

抜け出ていない」とDは語っている。しかし、その次の絵でDは見事にその閉塞感から抜け出るイメージを描いた。「光の粒子」［図D-2（24-③）口絵］の絵がそれで、Dが最も気に入った絵である。この絵について「純粋にいい。感覚的に美しい」と述べ、さらに

［図D-2（24-③）］

自分について「いつも自分は、はすに構えて『あんなん嘘やで』という風になり、そういう自分を自己嫌悪するというその堂々巡りだった。それをこの絵はふっと断ち切った感じ。描き終わった後で純粋に満足できた」と語り、閉塞感からくる堂々巡りから解放され、光があっても、闇を描かないでいられるような心理状態になれたことを語った。これは、Dが嫌悪する単なる予定調和的な世界であるというよりも、そこに意志やエネルギーの感じられる力強い光の世界だと考えられる。

4-3. Dの6週間を振り返って

Dは、RISEをすることによって、自己進化的描画のテーマが一貫して「光と闇」という形で進んでいったということができる。そのイメージの中で閉塞感とそこからの解放との間を行きつ戻りつしながら最後の、「光の粒子」の絵に辿り着いたということができるだろう。現実面での変化は、Dの創作意欲が週を追うにつれて増し、イメージがはっきりしてきたことがあげられるだろう。閉塞感から抜け出ていくことが、Dの創作意欲を増すことにつながっていったのではないかと思われる。ただ、Dの場合も、おそらくポジティブに完結してしまったわけではなく、闇の世界が6週間のS.でDから完全になくなったというわけではないだろう。今後もS.を続けていけば、光と闇のテーマは繰り返しながら、少しずつ変容していくものだと考えられる。

4-4. Dの退行のプロセスに関する考察

今回の事例においても、RISEが生じたと考えることができる。退行することによって、意識レベルでは触れ得なかったイメージに触れることができた。具体的には、退行することによって一貫して「闇と光」のイメージに触れることになった。

筆者は、第3節で、MP法がもたらす心理的効果として次の4つをあげた。(1) 意識化されていなかった感情の体験、(2) 自己像との出会い、(3) 心の奥にあるエネルギーへの接近、(4) 意識レベルの硬直した思考の枠組みが緩むことである。以下、(1) (2) (3) (4) に関して、Dの場合どのようなことが生じたかを考えてみたいと思う。

(1) 意識化されていなかった感情の体験

Dは第3週目に「絵に対面していると、異質な何かに直面する怖さが半分と好奇心が半分ある」と述べており、無意識レベルの感情に触れることにアンビバレントな感情を感じていたが、4週目から「描き終わった後安らぎを覚える」とMP法によって無意識レベルの感情に触れることにそれほど抵抗を感じなくなったようである。Dの場合、「光と闇」という相反する世界が重要なテーマになっていたが、S.が6週間以上続いていたとしたら、新たなRISEによって新たな「闇の世界」に出会うことが予想され、より深い自分の感情に出会うことになっていただろう。そして何度も繰り返しRISEし、自分の「闇」に向き合っていくことによって、その「闇」は統合していけるものになると考えられる。

Jung, C. G.は、「停滞や退行の現象が生じる。その結果として、無意識の内容や内面の古い葛藤が再燃する」(Jung, 1928a)と述べており、退行することによって無意識内にあった心的内容や葛藤に直面することを述べている。それが、Dの場合は、「闇」の世界だったと言えるだろう。また、「信心は…リビドーが根源的なものへと遡る退行運動であり、始原の源泉の中へ沈潜することである。この源泉から、始まりつつある前進運動を示すイメージとし

て、無意識の要因をすべて包み込んだシンボルが浮かび上がる」(Jung, 1928a)
と、退行によって、無意識要因を含んだシンボルイメージが浮かび上がることを述べている。ここで筆者が述べている「意識化されなかった感情の体験」とは、無意識要因を含んだシンボルの意識化も含んでいると言える。深い退行の場合には、意識化されていなかった感情の意識化だけでなく、シンボルイメージの意識化が生じると考えられる。これについては、第8章4-4の(1)、(4)の美術専攻大学院生の事例の所で言及したい。

　(2) 自己像との出会い

　Dの場合はまず、第4週目に描いた「鷲のイメージ」が自己像となっている。このイメージは身もだえしている鷲のイメージで、同じように苦悩しながら生きている自分が投影されたものだと考えることができる。Dにおいては「光と闇」がテーマの1つになっていると述べたが、まさに「光と闇」の中で苦悩する自分自身の姿と言っていいだろう。また第6週目に描いた「光の粒子」の絵は、それとは対照的な理想的な自己像を表すものだと考えて良いだろう。この絵は、「はすに構えては自己嫌悪して堂々巡りをする」というDの自己像を断ち切ったイメージであり、「光と闇」の世界から抜け出した新たな自己像と言うことができるだろう。

　(1)で、Jung, C. G.は、退行によってシンボルイメージに出会うということを述べたが、こころの深層にある自己像もシンボルイメージの1つであり、深い退行によって、今まで自分が気づかなかったシンボルイメージの1つである自己像に出会うことができたと言うことができるだろう。

　(3) 心の奥にあるエネルギーへの接近

　Dは、一貫して「光と闇」というダイナミックなテーマで描いていったが、第4週で描いた「光と闇」は「鳥の鷲のイメージ。身もだえしている感じがする」と語った。まさに苦悶している鷲がD自身であるわけだが、この苦悶している鷲自身に人生と苦闘するDの心的エネルギーを強く感じる。「心の奥にあるエネルギーに触れる」と言っても、単純に、ポジティブなエネルギーに触れるだけでなく、苦しいものも含んだアンビバレントなエネルギーに触

134 第Ⅲ部 「なぐり描き（Mess Painting）」法を用いた研究

れるということも含まれると考えられる。そして、第5週目で力強い「海と
朝日」のイメージを描いた。これは、第4週でみられた苦闘するエネルギー
とは違ったポジティブなエネルギーである。そして、最終S.で、6週間にわ
たるS.の総仕上げとなるような最後の自己進化的描画「光の粒子」を描く。
下から上へとはじける「光の粒子」は、闇の世界を超えた意志や力の感じら
れるエネルギーあふれる光の世界であった。

　馬場（1981）は、「自我のための」退行は、「自我に対するエネルギー充填の
役割を果た」す働きを持っていると述べており、Dの事例からもMP法の
RISE促進作用に、このような側面があると考えられる。

　また、河合（1991）は、「新しいイメージの出現と共に、心的エネルギーは、
進行をはじめ、自我は大量のエネルギーを使用できるようになって…心的エ
ネルギーのキャリアーとしてのイメージの役割が、明らかに認められるので
ある。この際、新しいイメージが、それまで使用されていなかった新しい心
的エネルギーの発掘に通じるという事実も大切なことである」と述べ、新し
いイメージの出現が心的エネルギーの創出に関わっていることを述べてい
る。退行によって新しいイメージに出会うことによって、新たな心的エネル
ギーが生まれると言うことができよう。

　（4）意識レベルの硬直した思考の枠組みが緩むこと

　Dは第6週目で「映画の見方が変わった。それまでは概念化して見ていた
が、細部の所に感動することが多くなった」と述べている。これは、本章の
Bの、「理屈の枠組みが鼻について仕方がない…理屈よりも感情・感覚が先
行するようになった」という言葉や、Cの「固定観念」が緩くなり、知的な
ものへの囚われが減少したということとも対応している。Dは、それまでは
意識レベルの思考を優先させて概念的、分析的に映画を見ていたのが、MP
法のRISE促進作用により、Dの主要機能である論理的な「思考機能」の枠
組みが緩み、その優位さがある程度失われた。その結果、Jung（1921/1987）
の言う思考機能に対する劣等機能である「感情機能」や、補助機能である「感
覚機能」が働き始め、映画を違う観点から見ることができるようになったの

だと考えられる。

　以下、第2章で述べたことと重なるが、Jung (1957/1996) は、「患者の多く
は、批判的な注意力をしばしば緩めることによって、随時、自由に空想を『わ
き上がらせる』能力を備えている」と語っている。「批判的な注意力」とは、
ここでいう、「硬直した思考の枠組み」と重なるものであり、さらに「こうし
た能力は訓練によって引き出すことができる」と述べている。この「自由に
空想を湧き上がらせる」能力を引き出す訓練の1つが、MP法の自由ななぐ
り描きのS.である。ユングによれば、「その訓練とは、まず秩序だった練習
によって批判的な注意力を閉め出し、それによって意識の空白状態を作り出
して、潜在的な空想が浮かび上がりやすいようにしてやるのである」。これ
は、まさにMP法の自由ななぐり描きが、批判的意識的な枠組みを取り払い、
自由な空想、自由な思考を浮かび上がらせることを意味している。

　また、第1章で述べたように、Kubie, L. S.は創造性について語る際に、以
下のように述べている。「自由連想は創造性に必要不可欠である。なぜなら、
それは象徴のスペクトルの一方の意識の極に押し付けられた固さから敏感で、
流動的で、可塑的な前意識体系を解放するからである」(Kubie, 1958/1969)。
すなわち、創造性には「意識の極に押し付けられた固さ」から解放されるこ
とが必要であり、ここで述べられている固さとは、本章で述べている「意識
レベルの硬直した思考の枠組み」と重なるものだと考えていいだろう。

　以上、本章のB、Cの事例で見いだされたMP法のRISE促進作用に関す
る4つの視点（1）意識化されていなかった感情の体験、（2）自己像との出会
い、（3）心の奥にあるエネルギーへの接近（4）意識レベルの硬直した思考の
枠組みが緩むこと、を用いて、Dの事例を検討してきたが、この4つの視点
を用いて事例を検討することが、MP法のRISE促進作用をより明確にする
ことが分かった。

　そこで、以後の事例においても、この4つの視点を念頭に置きながら、
MP法のRISE促進作用の検討をしていきたいと思う。

136　第Ⅲ部　「なぐり描き（Mess Painting）」法を用いた研究

第7章

「なぐり描き（Mess Painting）」法の退行促進作用が
ポジティブに作用しなかった事例

1. 目的

　第6章では、MP法が何らかのポジティブな効果をもたらした事例をあげて検討してきたが、本法がポジティブな効果をもたらさなかった事例もある。その事例を取り上げ、本法のRISE促進作用がうまく働かない時のプロセスやメカニズムを考え、MP法のより深い理解に役立てることを目的とする。

2. 事例E

2-1. E

　Eは文系の男子大学生。体育会系クラブに所属。色黒で男性的。筋肉質。わざと粗野に振る舞うところがある反面、ナイーブな面を合わせ持っている。なぐり描きには興味を持ったが半信半疑で取り組んだ。この技法の効果に関する最終的な評価も否定的であった。

2-2. 面接経過および自己進化的描画
◆第1週面接（第1回　1〜4S.）
「今週は主体性のない活動（例えばなぐり描き）でくすぶっていた」と語り、

なぐり描きに対してはあまり気が乗っていないようであった。

◆第2週面接 (第2回 5〜8S.)

なぐり描きをしていると「すごく寂しく」なってくると語る。なぐり描き
に積極的に取り組めないのはそのせいかもしれない。いずれにせよ、なぐり
描きの退行状態で、普段は抑圧している心の底にある寂しさにEは直面して
いるようだった。

◆第3週面接 (第3回 9〜12S.)

少し抑鬱的になっており、「今は全体的に憂鬱」「感じ方が女々しくなって、
気持ちにはりがなくなっている。ちょっとしたことで気持ちの中に沈潜して
いく。ナイーブになっている」と語る。なぐり描きによって意識化された寂
しさが、日常レベルでも影響を及ぼし始めたのかもしれない。さらに
「ちょっと対人恐怖的になってきた。初めての人と話をする気がしない」と
語り、何らかの不安感が増大しているようであった。また、詳しくは話さな
かったが「自分が知らない方がいいことが（外的な出来事を通じてではなく）自分
の内面から分かった」とも語った。総じてこの週は、なぐり描きのRISE促
進的な側面が、Eにとって受け入れがたい心的内容に直面化させることに
なったようである。従って、この時点では本技法がRISE促進的になってい
ないとも言える。

この週から自己進化的描画が始まったが、「汚い」「くすんでいる」「パンチ
が無い」などの感想が多く、描いた絵を好きになれなかった。第12S.で描い
た絵について「地味で萎縮した感じ。滅入っているときに描いた」と述べた
が、退行することでポジティブな世界にそう簡単に入っていくことができな
いE自身の心理状態を反映していると思われた。

◆第4週面接 (第4回 13〜16S.)

調査者とEの都合で十分時間が取れず、自己進化的描画についての話し合
いのみ。

自己進化的描画の際は、退行することでエネルギーが解放されたり、心理
的安定感を体験できるS.が出てきたようである。第13S.で描いた絵に対し

138　第Ⅲ部　「なぐり描き(Mess Painting)」法を用いた研究

て「線が太くて力強くていい」と述べ、イメージに力強さが伴ってきた。その次には「虎」という具体的なイメージが出てきている。第15、16S.では海のイメージが出て「理想的な心理状態を表現した感じ」「浜辺の感じ。椰子の木越しにマリンブルーの海を見ている[図E-1 (16-①)]」と、寂しさだけでなく心を落ち着かせるイメージも出てくるようになった。ただ「この絵と同一化したいけど普段はこうじゃない」と現実と理想のギャップも語られた。

[図E-1 (16-①)]

◆第5週面接(第5回　17〜20S.)

　前週は、力強いイメージ、リラックスしたイメージを描いたEだったが、展覧会で見た絵が「寂しい感じ」で印象に残ったと語り、「寂しさ」がEにとってやはり大事なテーマだということがうかがわれた。また、「やることがない時(自由ななぐり描きをやっている時も)ぼわーっと不安になる」と語った。自由ななぐり描きの退行状態では、相変わらず普段は意識に上ってこない漠然とした不安(恐らくそれは「寂しさ」と繋がっていると思われる)が浮かび上がってくるのは、変わりがないようであった。その一方で、この週は自己受容的な話が出てきたのが印象的だった。「強がりとか言わなくなった。演技しなくなって自分に素直になってきた。何故？　わからん」「こうでなければというのが強くて、そこからずれている所はごまかしたりしてたけど、それがなくなった」「緊張している時でも、前は『緊張なんかしてるか』、今は『緊張してんねん』と言える」など、自分のナイーブな部分を受け入れる姿勢が見られた。

　この週の自己進化的描画では、第18S.で前週に続いて海のイメージが出た。「自分では意外な感じ。南洋の深海。変化がなくて穏やか。光量が少なくて暗いけど南洋は明るい」。退行することで、自分でも意外な穏やかで暖

第7章 「なぐり描き(Mess Painting)」法の退行促進作用がポジティブに作用しなかった事例

かなイメージにEは出会ったが、次のS.ではまた寂しいイメージの絵［図E-2(19-③)］になる。「空飛ぶ円盤。寂しい感じ。それが冷静に表現されているのではなくて、いらだち紛れに表現されている」寂しさから適切な距離を取れず、上手に処理できないため、「寂しさ」に巻き込まれ、いらだっている様子が分かる。

［図E-2(19-③)］

◆第6週面接 (第6回 21〜24S.)

自己進化的描画の時は違うようだが、自由ななぐり描き中には、依然として寂しさを感じることがあるようである。この週にEは非常に印象に残る話をした。「今週は花を買いたいと思った。今も思っている。今までそんなこと思ったこともなかった。花を貰ったら喜ぶだろうという気持ちが分かるようになった。プレゼントというと花とか人形とかが素直に浮かぶ。クリスマスが好きになってきた。楽しめることが率直に楽しめる。自分と異質なものは受けつけなかったけど、寛容になってきた」「クラブですんなり踊れるようになった。昔は嫌だったけど今は踊ってて楽しい」「先入観で好き嫌いを決めなくなった。対象に対して素直であろう。対象から受ける感情に対して率直であろうと思う」。これらの言葉から分かるのは、自分の心の中にありながらも、自分にとって異質だった感情や感覚を、批判したり抑圧したりせず、ありのままに認めていこうとする姿勢である。これは、前週報告された、自分の弱い部分を認める態度がさらに展開していることを物語っている。またEは「すんなりと行動を起こせないタイプだったけど、今はアイデアが浮かんだ瞬間に、行動に移せるようになった。いろんなこと(感情を表に出すとか、人に話しかけるとか)に関してためらうことが少なくなった」とも語っている。抑圧や制止が減少し、すぐに行動に移せるエネルギーが出てきていることが分かる。

この週の自己進化的描画では、第21S.で噴出のイメージを描いた。退行してエネルギーが湧き出てきたようで、その後、そのエネルギーが直接的に解放されたような絵[図E-3(21-③)]を描く。「具体的(なイメージ)じゃないけど、すごく陽気になって抑制がきかなくなって馬鹿騒ぎしたときの気分が出ている。非常にスムーズに出ていて、成功作と違いますか」。前半の抑鬱的な状態から転じて、今まで受け入れることができなかった自分の一部を受け入れることができるようになって、若干躁的気分になっていることをこの絵は、表しているようでもある。第22S.では、イメージががらっと変り筋肉を描く。「筋肉のいまわしさのイメージ。筋肉がつくとアホになる」と語った。自分の中の異質な要素を受け入れるようになったEは、それまでの強がったり、無理に男らしさを強調する体育会系一本の在り方に疑問を持ち始めたようであった。その後のS.で、理想的な男性像とも言える富士山[図E-4(24-②)]を描き「遥かで悠久の富士山のイメージ。落ち着く。時間が静止している」と語る。第21S.とは対照的な落ち着いた、しかし、力強いイメージになっている。最終S.では、白昼夢のイメージを描く。「かんかん照りの白に、暑いところで(北アフリカ)直射日光に照らし出されて頭がぼーっとなっている時の心理状態。このイメージは描きながら出てきた」。この絵は今までで一番気にいった絵で、「幻覚っぽい線で生きて行けるのが一番いい。リアリティべったりでもなく、夢想の世界に遊ぶのでもなく、その境界線あたりでぼーっと自分を保っていれたらと思っている。その状態が出ている」と語っ

[図E-3(21-③)]

[図E-4(24-②)]

た。この言葉は、まさに自己進化的描画の段階の退行状態を物語っており、RISEがうまく行った時は、Eもこのような体験をできていたと思われる。

　最後に、約2ヵ月で生じた心理的な変化に関してなぐり描きの影響を尋ねると、「なぐり描きは関係ない」と答え、「もう2度とやらないだろう」と付け加えた。

2-3. Eの退行のプロセスに関する考察
　Eの退行のプロセスについても、第6章で見出した4つの視点から、検討することにしたい。

（1）意識化されていなかった感情の体験
　Eの退行の特徴は、「寂しさ」という言葉で表されるような、今まで抑圧してきた感情の意識化にあるだろう。Eは、第2週目の自由ななぐり描きの段階ですでにその「寂しさ」を表明している。第3週では、その「寂しさ」を意識化したこともあってか、若干抑うつ的になっており、「知らない方がいいことが（外的な出来事を通じてではなく）自分の内面から分かった」とも述べている。詳しい内容は話されなかったが、「知らない方がいいことが…内面から分かった」ということこそ、まさに否定的な心的内容の意識化であり、この週は自己進化的描画を含めてネガティブな感情が語られることが多かった。第5週でも、寂しいイメージの絵［図E-2（19-③）］「空飛ぶ円盤」を描く。最終週の自己進化的描画においては「寂しさ」は表現されなかったが、自由ななぐり描きの段階では最終週まで、寂しさが湧き上がってきたようであった。A～Dでは、自由ななぐり描きの最中にネガティブな心理状態になることは、あまり報告されなかったので、これはEの特徴だと思われる。自由ななぐり描きの時には、自我のコントロールがあまり介在しないため、意識化されなかった否定的な心的素材に触れやすい面はあるが、Eの場合、「寂しさ」はかなり根本的な感情であり、かつ抑圧の程度があまり強くなかったため頻繁に意識に上ってきたのかもしれない。

142 第Ⅲ部 「なぐり描き（Mess Painting）」法を用いた研究

（2）自己像との出会い

　否定的な心的内容の意識化にも関わらず、調査の中盤からは自己進化的描画の段階においては、心理的安定をもたらす退行も生じるようになっている。今まで自分が受けいれ難かった自己像に出会っても、それを受け入れようとする心の流れが生じている。例えば、典型的な体育会系の学生だったEにとって、受け入れられなかった「女々し」い自己像、「ナイーブな」自己像に出会い、それを描画によって表現することによって、少しずつ受け入れられるようになってきたと言えるだろう。

　また、第22S.では、筋肉という体育会系を象徴するイメージを描く。今までのEにとっては、ポジティブだったはずの筋肉について「筋肉のいまわしさのイメージ。筋肉がつくとアホになる」と語った。いわば今までの自己像に対して否定的な感情を持つようになり、自己像の変容の可能性が示された。そして、その後のS.で、統合された男性像とも言える富士山［図E-4（24-②）］を描く。この富士山は、最終S.で出会ったEの理想的な自己像と言ってもいいだろう。

　（3）心の奥にあるエネルギーへの接近

　Eは、第4週あたりから、自己進化的描画の際は、退行することでエネルギーが解放されたり、心理的安定感を体験できるS.が出てきたようである。「虎」という力強い具体的なイメージが出てきている一方で、海のイメージが出て「理想的な心理状態を表現した感じ」「浜辺の感じ。椰子の木越しにマリンブルーの海を見ている［図E-1（16-①）］。エネルギッシュというより心的エネルギーが充実したこころの様子が描かれていると言ってよいだろう。

　最終週では、噴出のイメージを描いた。退行してエネルギーが湧き出てきたようで、その後、そのエネルギーが直接的に解放されたような絵［図E-3（21-③）］を描く。「具体的（なイメージ）じゃないけど、すごく陽気になって抑制がきかなくなって馬鹿騒ぎしたときの気分が出ている。非常にスムーズに出ていて、成功作と違いますか」とEは語っている。自分の作品について「成功作と違いますか」と述べたのは、この作品のみであり、Eは自分が持って

いる心的エネルギーの世界に近づくことができ、それをうまく表現できたことが分かる。

(4) 意識レベルの硬直した思考の枠組みが緩むこと

MP法の効果に対して懐疑的だったEの場合にも、「意識レベルの硬直した思考の枠組みが緩むこと」は、生じていると考えられる。

それが、象徴的に表されているのは次の言葉だろう。「先入観で好き嫌いを決めなくなった。対象に対して素直であろう。対象から受ける感情に対して率直であろうと思う」。この言葉は、まさに意識レベルで出来上がった思考の枠組みから逃れ、対象に出会った時の自分の感情や感覚を受け入れると言うことを表している。

また、最終S.では、白昼夢のイメージを描く。「かんかん照りの白に、暑いところ(北アフリカ)直射日光に照らし出されて頭がぼーっとなっている時の心理状態」。この絵は今までで一番気にいった絵で、「幻覚っぽい線で生きて行けるのが一番いい。リアリティべったりでもなく、夢想の世界に遊ぶのでもなく、その境界線あたりでぼーっと自分を保っていれたらと思っている。その状態が出ている」と語った。この言葉もまさに、現実の思考の枠組みにとらわれず、現実とファンタジーの中間で遊んでいたいということであり、意識レベルの硬直した思考の枠組みとは対極にある態度と考えられる。

以上のように、B〜Dと同じように、Eの場合も、4つの視点からMP法のRISE促進作用について検討することができた。

それ以外の点で、Eに特徴的であったのは、上にも述べたように、自己進化的描画の段階ではEはある程度安心して退行状態に入れるようになったが、自由な「なぐり描き」段階の退行状態では、最後まで寂しい感じや不安感が消えなかった点である。このように2つの段階で退行の様相が違ったのは、2つの段階の退行のレベルが異なっていたためと思われる。自由な「なぐり描き」段階では、自己進化的描画の段階よりも、自我のコントロール機能が弱まるため、より受け入れ難い心的内容が意識化されやすい。一方、自

己進化的描画の段階では、ある程度自我のコントロール機能が働いているので、「なぐり描き」段階より許容できない心的内容が意識に浮かびにくいと考えられる。Eはこの2つの退行状態の間にあって、退行することに最後までアンビバレントな感情を抱いていたと思われる。そして、それは、Eの退行時の「寂しさ」「不安」をきちんと受け止めきれなかった、調査者に対するアンビバレントな感情となって表れたとも考えられる。

3. MP法が持つ問題点について

最後に、Eが調査終了後にこの技法の効果を認めなかったこと、「もう2度とやらないだろう」と語ったことについて考えてみたい。Eは、自分で認めたくない「寂しい」という感情に、MP法を通じて、思いがけず直面させられた。この感情は最後まで消えなかったが、恐らくこれはEの生育史にまつわるかなり根の深い感情だと考えられる。それに適切に触れることは、Eの心の幅を広げることに役立ったかもしれないが、調査者はその「寂しさ」を真正面から受け止めきれず、結果的にかなり心理的なつらさをEに強いることになってしまったと考えられる。そのため、EにはMP法のつらい面が強く印象づけられたのかもしれない。

しかし、調査者側の未熟さにも関わらず、Eは、自分なりに退行のプロセスを進め、今までの自分の有り様とは相いれないものを取り入れ、人としての幅を広げていったと言ってもいいだろう。これは、ひとえにEの持っている精神的な健康さ、自我の強さによるものだと言えるだろう。

Eの事例から分かるように、この技法は受け入れる準備のない心的内容を意識化する可能性があるので、かなり強く否定的な心的素材が抑圧されている対象者、抑圧を緩めるとすぐにネガティブな感情が意識化されてしまうような対象者（すなわち、健康な防衛が働きにくい対象者）への適応には慎重になる必要があるだろう。また、Eのような場合、面接場面でどのように支えていくかが重要になってくると思われる。

また、本書では掲載していないが、MP法に参加しながら、2週間辺りで、「なぐり描きをしていると、なぜだか分からないけれども、悲しくなって涙が止まらなくなって苦しい」と訴え、リタイアした調査協力者がいたことも付け加えておく必要があるだろう。即ち、一般健常者であっても、無意識レベルに何らかの大きな葛藤的なテーマを持っている場合は、MP法がポジティブに働かず、意識化しないようにしていたネガティブな心的内容を意識化させ、調査協力者をより傷つけてしまう可能性があることを、留意しておく必要があるだろう。

第8章

「なぐり描き（Mess Painting）」法の
3つの事例研究（美術専攻大学院生）

1. 目的

　本研究では一般群よりもRISEを示しやすい美術専攻大学院生に、MP法を実施し、MP法が美術専攻大学院生のイメージの変容にどのように働きかけ、RISE促進作用がどのように生じるかを3つの事例をあげて調べることを目的とした。また、一般群と比較したときに、プロセスや生じるイメージにどのような違いがあるかを検討することも目的とした。なお、本研究では本法がより効果的なものになるよう、従来の方法より4週長い10週間で施行した。

2. 事例F

2-1. F

美大大学院洋画専攻院生。20代女性。抽象絵画を制作。美大を卒業後、数年間美術とは無関係の仕事をした後、大学院に入学。

2-2. 面接経過および自己進化的描画

◆第2週面接 (第1回　1〜7S.)

1、2週に関しては、作業がしんどいと語られたが、第5S.で「描くことで頭の中が整理される感じ。なぐり描きの無意味な作業がクールダウンになったような」と語る。

この2週間の変化として、「自分では意識してなかったんですが、主人に最近機嫌がいいねって」「週末に近くの川に自転車で散歩に行った。面倒くさいので普段は乗らないのだけれども体を動かしてみたいと。外に出たいなーと。本とお茶を持って。こんなことは滅多にない。なぐり描きはマイナスの要素があった時にはプラスに働く気がする」。

◆第3週面接 (第2回　8〜11S.)

数ヵ月前に辞めた職場での外傷的な人間関係が語られた。「何も考えずに描ける時と、過去の回想的なことが入ってきだすと、赤や黒を見るのが辛い。働いている時に凄く苦手なパワハラの女性上司がいて、なぐり描きをしても彼女を思い出し、凄くしんどくなる。自分の意志を殺して合わせていた。言いたいことがあるのに言わないのは陰険、と言われて最後の止めを刺された。凄くしんどくて、それを思い出していると絵がどんどん暗くなる。赤と黒で。どす黒いものを見たら彼女しか思い出せなくなる。第8、9S.では彼女のことで悩んでいてしんどかった。悪に関するものに触れた時に彼女のことを思い出す」「話したら楽になると言うけれども何か怖い。彼女を悪く言うと罰が当たる気がして。今日も先生（筆者）には悪いんですけれども話してすっきりした訳ではない」。

◆第4週面接 (第3回　12〜15S.)

「前は黒と赤が嫌だったけれども、描いてみて赤と黒は怖くないと思って描いてみた」(13-①) と語り、例の女性に対する怖さが減少していることが語られた。「黒をもう一度使ってみようと思って、黒も軽やかに描けば、軽いイメージになるのだろうと思って終わった。黒を使っても怖くなかったのでもう一回試してみようと思って。黒は悪いイメージでしかないけど。ま、こ

んなもんだなー。これからも黒を
使ってみて自分の気持ちを描いて
みようかなあと思う」。

◆第5週面接(第4回　16〜18S.)

(この週は都合で3S.)

「自己進化的描画でこうしたい部
分を出せというと出ない。普通のな
ぐり描きの方が自分が出る」と語り

[図F-1 (17-②)]

ながらも、第17S.で描いた自己進化的描画でFの激しい感情が表出された。

「むしゃくしゃする。心底嫌だという感情を出した感じ。私って恐いなー
という感じです。私って怒らせたらこわいんやなーという部分、攻撃的な部
分が出せない分、たまって変な部分にたまる。普段はじっと耐えている。こ
ういう絵を描いて楽にはならないけど、自分の中にあるものを認識する助け
にはなるなと思う」[図F-1 (17-②) 口絵]

◆第6週面接(第5回　19〜22S.)

この週の自己進化的描画について、Fは「広がる感じを作りたくて描いた。
青が好きなので青塗ったり、白塗ったり。青と黒の組み合わせがかっこいい
と思った。連想というより、好きな色が広がった世界。気に入っている」(19-
①)と語り、第3回面接では「悪いイメージでしかない」と語っていた黒にポ
ジティブな感覚を抱くようになっていることが分かる。

◆第7週面接(第6回　23〜26S.)

「すがすがしい感じにしたいと思って、黄色を塗って緑を置いてみた。感
情を害した時に、それを自己進化的描画では描いていたと思う。外からのマ
イナスな刺激がない時はすがすがしく描けている」[図F-2 (25-③)]と、この
辺りからFが抱えている激しいもの以外のポジティブなものが表現されるよ
うになった。さらに、Fの人間観が両親のことも含めて初めて語られた。

「これはかっこいい絵です。目線が上がっていきそうで黄色でぐっと下げ
て、目線を画面の中に留める。相手をぐっと引っ張って引き留める。実際の

第8章 「なぐり描き(Mess Painting)」法の
3つの事例研究(美術専攻大学院生) 149

生活の中ではしないです。ちょっと自分の意思表示がある。私を見て、という絵。自分のことを描きすぎても受け入れられない、相手のことを考えて半々だったらいいなーと。私はgive and take。見返りのないのに与え続けることはできない。与えて貰うだけなの

[図F-2 (25-③)]

も気分悪い。フェアがいい。相手が自分を信じてくれたら、どこまでも優しくしてあげられる人がいるが、自分に欠如しているなーと思う。父はこのタイプの人。母はモラルの人。そこを外すと怒る人。自分の辞書に無条件に信じるという言葉はない。そういう人がいるのは信じられないなーと、なぐり描きをしながら思った」。

◆第8週面接(第7回 27〜30S.)

この回の面接では「なぐり描きを始めた頃より、心に波立つことが無くなってきた」と語る。「例の女性のこともあまり考えなくなって、片付けようと思って片付かなかったものが意識から片付いた」とのことで、彼女に対する感情が整理されたようであった。

この週の印象に残った自己進化的描画は、全体の3分の2をコの字型で青く塗り、コの字の間を黄色く塗った絵。「基本は縦と横の線。すっきり、スタイリッシュ、洗練されているイメージが好き。もしくはグロテスクな。気持ちが乱れた時にはサディスティックな気持ちもあるので。見てどきっとする人間の本質をついているような絵に触れると安心する。自分の中にもグロテスクなものがあると思う」(30-②)と語り、スタイリッシュなイメージが好きである一方、第4回で表現された感情より深層にあるグロテスクなものへの感情について語った。

この1週間の変化については、「気分はいいです。悪くない。何もストレスかかることないので。だんだん勢いがついていっているような気がする。

150　第Ⅲ部　「なぐり描き（Mess Painting）」法を用いた研究

あまり小さいことをくよくよ考えないように。あまりへこまなくなった。前はへこむことが多々あった。今は楽しいです。今月に入って勢いが出てきた感じ。グループ展に自分の作品を出す予定」。

◆第9週面接（第8回　31〜34S.）

　この回の面接では、子どものツバメを拾って、育てていることが語られた。ツバメを拾った後に描いた自己進化的描画について、「ツバメを拾った翌日。嬉しかったんだと思う。この絵は赤を先に使って黄色。今まで選ばなかった色。混じったりするの好きじゃないけど、これはいいなと。できあがりは暖色になっていると思った。直感で赤を選んだ。多分ツバメが嬉しかったんだと思う。今までこんな色使いはなかった。優しい感じがします。ツバメに餌をあげてる時は幸せなんだなと。懐いてくるし、可愛がりがいがある」［図F-3（32-①）口絵］と語り、ツバメの子供を育てることで何かが、Fの心に生まれてきているようだった。

　また、Fは、なぐり描きと自分の制作の関係については、次の様に語った。「色を選んだりするのは影響ある気がする。今制作している絵は、結構カラフル。絵の具に毎日触れたのはいい効果だった。コンスタントに筆を握ることはなかったので。今まで絵の具を上手に扱えなくて今回は1枚は色で勝負しようと思っている。なぐり描きで一色が好きなんだ、色が混じるのが嫌なんだと、先生（筆者）と話している中で気づいた。なぐり描きをやっていなかったら描こうという気になっていなかったと思う」。

◆第10週面接（第9回　35〜38S.）

　Fは、この週の印象的な自己進化的描画を通して人間関係について述べた。「私は人間関係はそんなに開けていないけど、開いてきたなーという気がする。赤い絵［図F-3（32-①）］を描いた日から私開いているかなと感じた。普段気が合わない人とは関わらないし、気が合う人でも様子を見る。小さい命を前にするとそんな小さいこと思わなくていいかもしれないと思って。心の中に暖かいものが生まれてきた」（37-③）。また、数年前に美大で卒業制作をしてから、作品を描いておらず、当時と比べてだいぶ制作意欲が湧いている

とも語った。

　最後の自己進化的描画については「私は今、光をテーマに制作している。自己進化的描画で光ってどう描いたらいいかと思って描いた。青を使いたかったのと緑は木のイメージ。イメージとして暗い光。格好いい光。青は私には格好いいのと落ち着くのと。この絵は何もかもベストな気がする。私の気合いも入っていたし。静けさの中に力強さを感じる光。暗い所でじわっと光って印象に残る力強い光。人間だと、誰にも左右されない動じない光。私の理想でもある」[図F-4 (38-③)]。Fは、最

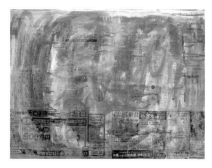

[図F-3 (32-①)]

[図F-4 (38-③)]

後の自己進化的描画で制作、人生の上でも、自分の理想イメージに出会ったと言えるだろう。

2-3. MP法がF、創作に与えた影響

　「気持ちの整理がすごくついた。自分の思ったことを絵にして、そこから他者に説明するということが、自分を客観視する効果があった。感覚的に感じたものを、『どうして？』『何故？』と聞き返してくれて、それをわかりやすく言葉で説明するために、考えたことがよかった。前の職場の女性のことも取り払ってもらったので有り難かった。先生との面接で、嫌だったことをリアルに話せて重荷を下ろせた」〈最初の時、人と話しても気持ちは楽にならないと言ってましたが…〉「それが気持ちが晴れたというか。それがなくなって新しく制作の意欲が出てきた。寝てばっかりいた休日が活動欲が出て

152　第Ⅲ部　「なぐり描き（Mess Painting）」法を用いた研究

きて、エネルギーが出てきた」。

　最後に、一番好きな絵を尋ねると、32S.のツバメの絵［図F-3（32-①）］と最後の絵［図F-4（38-③）］を挙げ、前者は温いところが好きで、後者は、「これこそ静かな落ち着きという感じで、なぐり描きによって落ち着きを取り戻せた部分も大きいと思う」と語った。

2-4. Fの退行プロセスに関する考察

　Fの退行プロセスについても、第6章で見出した4つの視点から考察することにする。

(1) 意識化されていなかった感情の体験

　第2回目で初めて前職場の女性上司とのトラウマティックな関係が語られ、その時の苦しい気持ちが赤や黒をみると増幅されることが語られた。普段は封じ込んでいた、その女性に対する感情が、RISE促進的ななぐり描きのS.によって、意識に浮かび上がってきたと言うことができる。そして、Fは、面接で話してもその感情はすっきりしないと語っている。そして、第4回では、苦しみを感じると言っていた赤と黒を使って、ある意味おどろおどろしい絵［図F-1（17-②）］を描く。「心底嫌だという感情を出した感じ。私って怒らせたらこわいんやなーという部分、攻撃的な部分が出せない分、たまって変な部分にたまる。こういう絵を描いて楽にはならないけど、自分の中にあるものを認識する助けにはなる」と、今度はF自身の中にある怒りや攻撃性になぐり描きの退行促進的なS.を通じて気がついていく。怖かった女性を象徴していた赤と黒を、自分の怒りや攻撃性を表現する際にも用いていることからも、この抑圧された怒りが女性上司に投影されて必要以上に上司に対する感情が複雑化したことが推測される。

　後半に入るとこのテーマは影をひそめ始め、他の建設的なテーマが出てくる。そして、第7回で、「例の女性のこともあまり考えなくなって、片付けようと思って片付かなかったものが意識から片付いた。最近はもやもやした

気持ちはない」とのことで、上司に対する感情に自分なりに整理をつけたようであった。これは、上司に対する恐怖や嫌悪感を意識化しただけでなく、第4回で自分自身の怒りにも気がつき、その後のプロセスで投影の引き戻しが生じたことで整理がついた可能性も考えられる。

そして、なぐり描きだけではなく、面接の効果についてFは語っている。2回目で「先生（筆者）には悪いんですけれども話してすっきりした訳ではない」と語っていたFが、最終面接で「前の職場の女性のことも取り払ってもらったので有り難かった。先生との面接で、嫌だったことをリアルに話せて重荷を下ろせた」と語り、初めは自分の気持を人に話すことに懐疑的だったFが、退行した中で気づいていった感情、感覚等について話すことで、意識に統合できるようになったことが分かる。しかし、それは当然調査者とFとの間に適切なラポールが築き上げられたからこそ可能になったのだと思われる。

また、自己進化的描画によるRISEの中で自我異和的なイメージを意識化したとしても、それを面接で話すことによって、心的内容が整理され、自己理解が進み、心理的統合が進むことが分かった。

（2）自己像との出会い

また、ツバメの子供との出会いも、共時的な印象的な出来事である。なぐり描きも終盤に入り、それまでに上司のこと、自分の感情などの自我異和的な感情について語り、調査者とのラポールができてきたこのタイミングで出会えたからこそ、この体験がFにとって意味ある体験になったのだと考えられる。「相手が自分を信じてくれたら、どこまでも優しくしてあげられるという人がいるが、そういうのは自分に欠如しているなーと思う」と語っていたFが、謂わば無償の愛情をツバメの子供に注いだのは非常に印象的な変化であり、そこには当然自己像の変化が伴っていると考えられる。Fは、最終週に描いた絵［図F-4（38-③）］について語りながら、人間関係すなわち自己像が変わってきたことを述べている。「私は人間関係はそんなに開けていないけど、開いてきたなーという感じがする。赤い絵［図F-3（32-①）］を描いた日から私開いているかなという感じがした。普段気が合わない人とはあま

154   第Ⅲ部　「なぐり描き（Mess Painting）」法を用いた研究

り関わらないし、気が合う人でも様子を見ながら話す。小さい命を前にするとそんな小さいこと思わなくていいかもしれないと思って。心の中に温いものが生まれてきた」。このような他者に対する変化および自己像の変化は、2回目で「先生（筆者）には悪いんですけれども話してすっきりした訳ではない」と語っていたFが、最終面接で「前の職場の女性のことも取り払ってもらったので有り難かった。先生との面接で、嫌だったことをリアルに話せて重荷を下ろせた」と語り、人とのつながりの中での自己表現が自分を解放してくれる、自分を変えてくれることを実感したこととも関係しているだろう。

　そして、最後の絵［図F-4（38-③）］でFは、自分の理想の自己像を描く。この絵についてFは、次のように語っている。「ぴかっと光る光でなく、暗い所でじわっと光って印象に残る力強い光。人間だと、誰に左右されるわけでもない動じない光。私の理想でもある」。Fは、制作、人生双方の面で、自分の目指す理想の自己像に出会ったと言えるだろう。この絵も初めから意識して描いたのではなく、なぐり描きのRISEの状態の中から自ずと生まれ出たイメージである。このように最終回の絵に印象的なイメージが表れることは、第6章でも述べた通りである。

（3）心の奥にあるエネルギーへの接近

　第1回面接では、なぐり描きに対して、しんどいとネガティブな印象だったが、5S.目に「描くことで頭の中が整理されていったような感じ。なぐり描きの無意味な作業がクールダウンになったような」と述べ、MP法が促進する退行状態に、少しずつ慣れてきたことが語られている。また、今までやったことのない、自転車に乗った川への散歩が語られている。MP法を始めると、それまでやっていなかった自分にとってポジティブなことをやり始める、再開するという報告は多くみられる（Luthe, 1976/1981；伊藤, 2007）。最終面接でFが「それ（女性の件）がなくなって新しく制作の意欲が出てきた。寝てばっかりいた休日に活動欲が出てきて、エネルギーが出てきた」と述べていることから分かるように、MP法の終わりごろになって、こころの奥に眠っていたエネルギーが動き始めたことが分かる。FがMP法を始めたのは、

大学院に入りたての頃で、まだ制作への意欲もはっきりしていなかったようであるが、MP法によるRISEを通して、新たな心的エネルギーを取り戻せた、と言えるだろう。

（4）意識レベルの硬直した思考の枠組みが緩むこと

Fの言葉からは、直接、「意識レベルの硬直した思考の枠組みが緩むこと」については語られなかったが、Fの指導教員の言葉がFにおいても、このことが生じていたことを示している。

Fは、MP法が終わった3週間後のグループ展に、久しぶりに制作した作品を出した。数年前の卒業制作とグループ展の作品について、指導教員（抽象絵画）に批評してもらったところ、次のような回答を得た。「以前はグラフィックな作り込んだ密度。今回は、思い切って、絵の具に厚みが出てきてオートマティックな作業ができるようになった。大胆に絵の具を使ってやろうという成果は見える。以前は小細工していたのが、自分の身体性を意識して直接的に絵に向かい合えるようになってきた」。小細工という言葉から分かるように、前の作品では意識レベルの思考で作品を作っていたのに対し、今回の作品は思考ではなく、身体（身体はまさに無意識が表現される場でもある）そのもので描いたということである。そして、オートマティックというのも、意識レベルで作品を作るのではなく、無意識から浮かび出てくるイメージに従って描いていることでもある。MP法の、意識によるコントロールを排し、身体性を重視する側面が、無意識レベル、身体性のレベルで作品を描くことを可能にしたのだと思われる。

3. 事例G

3-1. G

美大大学院洋画専攻院生。20代男性。抽象絵画を制作。

3-2. 面接経過および自己進化的描画

面接は、第1週から第10週まで毎週1回、計10回行ったが、特に印象的な変化、コメントが語られた週の面接を取り上げた。

◆第3週面接（第3回　9〜12S.）

MP法にも慣れこの週からGは自己進化的描画を始める。この1週間の変化として、「少し元気になった気がする。自信もついた気がする。何でもやってみたらいいと。2年ぶりに作詞作曲した」と語る。また、この週描いた自己進化的描画について次のように語った。「空があって、流星・彗星のようなふわっとした線が入って、右から左へ回転している感じがいい。最近空や星や月を描きたいと思ってそれと繋がった。自分で感動。部屋の外の上の方に月や星があるのを意識できる余裕がある時は気分がいい。それをMP法をするにあたって思い出すようになってきた。自分にとって大事なスタンスだなと。もっとそれを寄せ付けておきたい」(11-①)。

第4、5週は、ゼミでの発表、教育実習など外的な出来事で忙しく大きな変化は見られなかったが、調子は悪くないようであった。

◆第6週面接（第6回　21〜23S.）

1週間の変化として、「やはり元気になっている気がする。予想以上に充実感がある。大学の4年位は本が読めなかった。頭の中で言葉にすることができなくて、文字を読んだり会話ができなかったのができるように」と語る。また、この週描いた自己進化的描画については次のように語った。「線上に白い線をすりあわせるように塗ることを昔からやっていて気が

［図G-1 (22-②)］

済むまでやった。こんなに大きな面を塗ったことはなかった。海を見たので青を使いたいと思った。MP法始めた中で一番気に入っている。洞窟の海のイメージ」[図G-1 (22-②)]。

◆第7週面接（第7回　24〜27S.）

1週間の変化として、「継続して充実感はある。毎回MP法の意義を感じる。でも創造的なことがうまくいき出すと日常的なことがうまくいかなくなる」と語る。また、この週描いた自己進化的描画について次のように語った。「今度は線を引く時に勝手に手が動いて頭で考えていなかった。こういう感覚がまた戻って来るといいなという感じ」〈自分の手が動く？〉「一番求めている状態。でもなかなかない」(27-②)。

◆第8週面接（第8回　28〜30S.）

1週間の変化として、「充実している。作品制作では、展覧会の締め切りがあって3枚描く」と語る。この週描いた自己進化的描画については次のように語った。「『春夏秋冬』(レミオロメン)のイメージ。歌詞が季節の描写ですごくいい。『春は月に笑うように、夏は花火に恋するように』。聴取後に残るのがピンクの月。必要に応じて月と地面が出てきた。作品の出来はいい」(30-②)。

◆第9週面接（第9回　31〜34S.）

この週描いた自己進化的描画については、「青と紫を塗って、その上から絵が要求するままに色をのせていった。インスピレーションの訴えるままに手が動く感じ」〈MP法は制作と繋がっている感じ？〉「繋がっている。色づかいは奔放になってきて、自分がついて行けないのかも。制作の方法論はMP法とほぼ一緒。なぐり描きから始めて初めのインスピレーションから描いていく。違うのは、MP法はその時の感情、気分で描く、制作においてはテーマ性とか、外に照らし合わせてからやっている。見られることを意識して。MP法以前の制作は色面を描いて色をのせるやり方。今の方が心の内側の風景が出る。そこを通らないとオリジナリティのある抽象画に行かない。MP法をやって相当画面の力、格が上がった気がする」[図G-2 (34-③)]。

1週間の変化については次のように語った。「制作始めると落ち込むのかもしれない。あまり思い詰めない方がいいかもしれない。プールに行って泳ぐとそういう気分が取り払われる。プールに定期的にいけるようになった。定期的というのが重要。それがここ2ヵ月くらい続いているのですごくいい」。

◆第10週最終面接（第10回　35～38S.）

1週間の変化として、「頭で考えずに手が動いていくのがいい。それが1つの方法論になってきた。前はそういう状態が滅多に来なかったのが、持続できるように。それだと意識で思いつかないようなものができる。制作は予想していない所に着地しないといけない。その手だてはMP法を通じて見つかった」と語る。また、この週描いた自己進化的描画については、「物を描かずに表現したいと思った。身体感覚で伝わるような。初めは黄色で景色とか春、秋を連想。最近の自分の感覚を描けた気がしてこれは一番制作に繋がっている。紙ではなく空気の表面に描いた感じ」[図G-3 (37-①)]。

3-3. MP法がG、創作に与えた影響

「心のままに線を引く絵の訓練みたい。創作する脳みそというのがあって、その感覚というのが大人の感覚ではない。少し眠たいようなまだ未発達のような段階の感覚。それが1日中続くというのが大事。10週間でそれが増えてきた」。

[図G-2 (34-③)]

[図G-3 (37-①)]

「無意識が描けたというのがこの制作の期間の変化。今まで無意識を描いたと言うより、抽象的なものと風景的なものを組み合わせたものを描いていた。それが見たことがない無意識の様子が見つけられた」。

3-4. Gの退行プロセスに関する考察

F同様、4つの視点から考察するが、（1）意識化されていなかった感情の体験、（2）自己像との出会い、という点では、Fに関しては特筆するようなことは見られなかった。一番特徴的だったのは、創作の方法論にも関わる「意識レベルの硬直した思考の枠組みが緩む」ことであった。まず、（3）心の奥にあるエネルギーへの接近、という視点から、Gの退行プロセスを考察する。

（3）心の奥にあるエネルギーへの接近

Gの変化の1つは心的エネルギーが増大したことである。まず、第3週で「2年ぶりに作詞作曲した」こと、第6週で「予想以上に充実感がある」。第7週で「継続して充実感はある」。第9週で「プールに定期的にいけるようになった」ことが述べられている。Fの所で述べたように、MP法を始めると、中断していたポジティブな活動を再開する報告は多くみられる（Luthe, 1976/1981；伊藤, 2007）が、それはMP法が心的エネルギーを増大させるからだと考えられる。GもMP法を通してRISEを体験し新たな心的エネルギーを取り戻せたと言えるだろう。

（4）意識レベルの硬直した思考の枠組みが緩むこと

Gの最も大きな変化はMP法が普段の創作に影響を及ぼしたという点であるが、第7週で創作の時に一番求めている「線を引く時に勝手に手が動いて」きたことを述べている。これは、まさにRISEによって意識レベルで絵を描くのではなく、退行した中でコントロールを失うことなく無意識レベルで絵が描けるようになったことを意味している。9週目で「インスピレーションの訴えるままに手が動く感じ」と第7週よりも無意識に描けるようになって

いる。そして、「制作の方法論はMP法とほぼ一緒。なぐり描きから始めて、初めのインスピレーションから描いていく。違うのは、MP法はその時の感情、気分で描く、制作においてはテーマ性とか、外に照らし合わせてからやっている。見られることを意識して」と述べ、実際の制作では退行しながらもコントロールを働かせながら制作していることが分かる。10週目では「頭で考えずに手が動いていくのがいい。それがすごく明確になってきた。1つの方法論になってきた。前はそういう状態が滅多に来なかったのが、持続できるように」と、Gが一番求めていた「線を引く時に勝手に手が動」く状態が日常的に生じるようになった。Gの場合は、意識レベルに硬直した思考の枠組みがあったわけではないが、意識レベルの思考からより開放されて制作ができるようになったと言っていいだろう。

　また、MP法のRISEを促す作用が最もよく現れているのは「今まで無意識を描いたと言うより、抽象的なものと風景的なものを組み合わせたものを描いていた」のに対し「無意識が描けたというのがこの制作の期間の変化。見たことがない無意識の様子が見つけられた」という言葉である。現実的イメージを描かない抽象画を描いていたGも、これまでは無意識レベルまでRISEして描いていたのではなく、意識レベルで組み合わせて画面を構成していたのが、まさにRISEによって無意識レベルまで退行し創造することができるようになった、ということである。その結果「意識で思いつかないようなものができる」ようになった。第4章で筆者が才能ある画家にインタビューした時も「最初に意図したプラン通りに出来た作品より、自分でも思いもよらなかった所に行きついた時にいい作品ができる」と多くの画家が語っていたことと一致する。

　また、興味深いのは、「創作する脳みそというのがあって、その感覚というのが大人の感覚ではない。少し眠たいようなまだ未発達のような段階の感覚」という言葉である。すべてのRISEを体験する芸術家がこのような感覚を体験するかどうかは分からないが、退行している時の精神状態は、普段の覚醒している時の意識水準とは違ったものなのかもしれない。

MP法終了後に展覧会に提出したGの作品について指導教員（抽象絵画）に評してもらった。「大分、本来の自分、以前やっていた感覚を取り戻して以前よりぬきんでて、追い越してよくなった。絵が掴めるようになった。全体の空間性が捉えられるようになった。作品自体の評価は以前よりも良くなっている」。作品の技術的な所は筆者には判断できないが「無意識が描けた」という所が指導教員の好評を引き出したと推測できる。最後に、GはMP法終了後に出した展覧会で、見事、賞を受賞したことを付け加えておきたい。

4. 事例H

4-1. H
美大大学院洋画専攻院生。20代女性。抽象絵画を制作。

4-2. 面接経過および自己進化的描画
　以下に、面接の経過と自己進化的描画の変化を示す。特に意味のあるイメージが出てきた5週目以降を提示することにする。

　◆第5週面接（第5回　17～20S.）
　この週描いた自己進化的描画について次のように語った。「より深く自分としゃべっている感じ。今、こういう形が好きらしいというのを発見した。すごく集中した感じがある。何でか分からないが同じ形が出てきた。無意識の内に生み出されるパターンがある感じ。描いている中で自分が気になる形をいっぱい発見して、それから描き始めたりした。気球みたいな上からゆっくり落下してくるような形が気になると思った。発見できてよかった」（20-③）。

　◆第6週面接（第6回　21～24S.）
　1週間の変化として、「描いている時は意識してないけど、後から見て制作に生かせると思ったり、それがすごく楽しい。ヒントが見つかる。自分が好きな形、繰り返し出てくる形を突き詰めていったら何かが分かりそうな気

がして。MP法が自分にぐっと近づいてきて、制作とも結びつきそうになってきた」と語る。また、この週描いた自己進化的描画について、「だらだらした線を今日は発見した。線と線が出会う時に『こんにちは』と言っているのに気づいた。今『こんにちは』と言ったな、あー自

[図H-1（24-③）]

分が描いた線が自分に向かって言ってるんだなと思った。今までに描かなかった線で、これはどうなるのだろうと観察して、それに反応して出てくるものがあれば従おうと思った。こういう形は心地よいし、気になっている形が呼び出されてまとまった」（24-②）。

さらに、「右にＹの字みたいなのが出てきて、一度風船みたいになって、風船じゃないと上を消して。結果的には色に呼ばれて形が出てきて、形に呼ばれて色が出てきて、また消えたり、という過程が楽しかった。考えて組み立てていったというより、必然的にこうだという感じで出てきたのが気持ちよかった［図H-1（24-③）］。

◆第7週面接（第7回　25～28S.）

1週間の変化として、「なぐり描きが終わった後に自分の制作に関してアイデアが繋がってきた。浮かんでくる感じがすごくあって、そういうのをメモしたり。自分が描きたいものは、これから生まれてくるものというより、そこにあったもの、そこに内包されているものなのではないかと。形になる前のものをもっと顕にしたい。描きたいのは形ではなくて、その形のもっているもの。パラシュートの形が気になるけど、パラシュートを描きたいのではなく、パラシュートの持っている内容なのだと。それは、下に向かって落ちていくようでもあり、何かを運ぶとか、風をはらむという要素かもしれないし…言葉にはうまくできないけれども、感覚的にはすごくまとまった感じがあったので嬉しかった」と語る。

第8章 「なぐり描き（Mess Painting）」法の 163
3つの事例研究（美術専攻大学院生）

◆第9週面接（第9回 33〜36S.）

1週間の変化として、「MP法と創作は関係があると思う。パラシュート型に関して、はっきり私に必要なのが分かった。ヴィジョンが明確になった。以前は何となく気分で描こうとか、日記みたいなものと思っていた。そうじゃなくて、こういうものが先にあって自分に必要であってそれを人に伝えたいというのが明確になった」と語る。また、この週に描いた自己進化的描画について、次のように語った。「何も考えずに始めたら9枚目にいきなり制作に関するアイデアが浮かんだ。あ、こういう構造みたいなのを描きたいなと思うのがあった」［図H-2（36-①）］。

さらに、「普通のなぐり描きの時に思いついた構造を書き留めておこうと縦で描いた。Vの形で画面の中で安定が悪

［図H-2（36-①）］

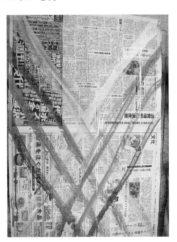

［図H-3（36-②）］

いのをどうしようかと考えて、こうしたらいいかもと。簡単な構造だが自分としてはちょっと発見。気に入っている。今制作しているのもVの字のもの。後で制作のアイデアになった。これは設計図みたいなものだから、美しいものではないが、コンセプトがイメージされている」［図H-3（36-②）口絵］と語った。

◆第10週面接（第10回 37〜40S.）

1週間の変化として、「こういうものが描きたいというのがMP法を通して明確になってきたと思う。作風変わったねと人に言われたりして、前とは

164　第Ⅲ部　「なぐり描き（Mess Painting）」法を用いた研究

描く意識が違う」と語る。

4-3. MP法がH、創作に与えた影響

「構造みたいなのを発見した36S.に意味があった。MP法によって、制作の方向が漠然としていたのがはっきりしてきた。気になるけど、大事なような気がするけど、というのがまとまって、作品でどうしたいかが大分はっきりしてきた。無意識の内に出てきた。やっぱりこの形は自分にとって重要だったと認識できた。MP法をやっていなかったら全然違うと思う。意図しない所で出てきて、やっぱり重要だなと確認できた。今までは、こうしたいというのが明確ではなかったが、今は描きたいものが明確になった。日記みたいに描いてもどうしようもない。いろいろな人にちゃんと伝えられるものを目指したい」。

4-4. Hの退行プロセスに関する考察

以下、Hの面接結果、自己進化的描画を通じて、HにどのようにRISEが生じてきたかについて、今までの4つの視点から考察したいと思う。

（1）意識化されていなかった感情の体験

Hの場合は、「意識化されていなかった感情」ではなく、「意識化されていなかったイメージ」と言った方が正確だろう。しかし、Jung（1963/1972）は「情動の背後に存在する特定のイメージを見出すことが…如何に役立つか」と述べており、イメージと情動は切り離すことができないものであることが分かる。従って、イメージが意識化されるということはそれに伴う情動、感情も意識化することである。

Hは、第9週では、パラシュート型に関して「パラシュート型に関してはっきり私に必要なのが分かった。ヴィジョンが明確になった」と語っている。これはRISEによって、無意識レベルにあった重要なイメージに触れることができ、それがはっきり意識化されたということである。また図H-2（36-①）

では「いきなり制作に関するアイデアが浮かんだ」とひらめきが生じ易くなったことが述べられている。これもRISEに入り易くなり、無意識的な心的素材が意識化されやすくなった結果だと思われる。最終面接では同じように次のように語っている。「こういうものが描きたいというのがMP法を通して明確になってきたと思う。作風変わったねと人に言われたりして、前とは描く意識が違う」。40S.のRISEの作業を繰り返す中で、描きたいイメージが意識化され、描く時の心構えが変わったと言えるだろう。

　MP法の影響を尋ねた時も、「制作の方向が漠然としていたのがはっきりしてきた。…作品でどうしたいかが大分はっきりしてきた。無意識の内に出てきた。…意図しない所で出てきて、やっぱり重要だなと確認できた」と述べている。MP法を通じてRISEをすることによって、意図しないもの、無意識レベルのものが生じ、それこそが自分にとって重要であることが分かり、まさにアーティストとしての自覚が出てきたといえるだろう。以上のように、HはMP法を通じて意識化されなかったイメージに出会い、制作で必要なイメージが明確になった。

　(2) 自己像との出会い

　まず、20-③では「より深く自分としゃべっている感じ」と述べているが、これはRISEが生じ、より無意識的な自己像と出会っていることを示している。この時のRISEによってHは自分にとって大切な無意識の内に生み出されるパターン（形）を発見している。さらに、第6週の24-②の「今『こんにちは』と言ったな、あー自分が描いた線が自分に向かって言ってるんだなと思った」は非常に印象的な体験である。Jung (1957/1996) は、能動的想像に際して「批判的な注意力は閉め出さなければならない。そして視覚的な想像力に恵まれた人は、何かある内的なイメージが醸し出されてき始めはしないかと、そこに期待を向けるようにする。すると普通はそうしたイメージ、たぶんは入眠時の空想像が浮かんでくるから、これを注意深く観察して、紙に書き留めるのである。聴覚的・言語的な素質の人は、内から声が聞こえてくるのが普通である。初めのうちそれは、一見意味のない断片的な句にすぎな

166　第Ⅲ部　「なぐり描き(Mess Painting)」法を用いた研究

いかもしれないが、これもやはり慎重に記録しておく。なかにはこうした瞬間に、ずばり自分の内なる『他者の』声を聞く人もある」と言っているが、まさにこの「こんにちは」と線が言う声が、Hの内なる「他者の」声であるが、それは内なる「他者」であるのと同時に、未だ見いだされなかった「自分」の声であるとも言えるだろう。

(3) 心の奥にあるエネルギーへの接近

　Hは、制作について「以前は何となく気分で描こうとか、日記みたいなものと思っていた。そうじゃなくて、こういうものが先にあって自分に必要であってそれをいっぺんに伝えたいというのが明確になった」とも述べ、自分の中に表現しなければならないものがあることにRISEを通じて気づいたことが分かる。最終面接では同じように次のように語っている。「こういうものが描きたいというのがMP法を通して明確になってきたと思う。作風変わったねと人に言われたりして、前とは描く意識が違う」。描くときのモチベーションが大きく変わったということだが、それは描きたいという心的エネルギーが増大したことを物語っている。

(4) 意識レベルの硬直した思考の枠組みが緩むこと

　この点に関しては、Hに、Gと同じように、「意識レベルの硬直した思考の枠組み」があったわけではないが、意識レベルの思考から解放されることによって、制作の方法論が大きく変わっている。第6週で「それに反応して出てくるものがあれば従おうと思った」と述べ、意識的コントロールをやめて意識下の心的内容が生じてくるのに身を任せようとしている［図H-1(24-③)］。24-③では、「色に呼ばれて形が出てきて、形に呼ばれて色が出てきて…考えて組み立てていったというより、必然的にこうだという感じで出てきた」と意識レベルでの思考よりも、無意識的なイメージが自ずと必然性を帯びて浮かび上がるようになってきたことを語っている。

　第7週では、「自分が描きたいものは、これから生まれてくるものというより、そこにあったもの」「描きたいのは形ではなくて、そのかたちのもっているもの」と、Hが気になっているパラシュート型について述べている。

これはまさにHが描きたいのはJung（1964/1972）の言うシンボル（象徴）ということである。シンボルについては前にも述べたが、Jung, C. G.は「言葉やイメージはそれが明白である直接的な意味以上の何ものかを包含している時に、象徴的なのである。それはより広い“無意識”の側面を有しており、その側面はけっして正確に定義づけたり完全に説明したりされないものである」「それはあいまいで、知られざる、われわれには隠された何ものかを包含している」（Jung, 1964/1972）と語っており、Hは、自分にとって大事なパラシュートの形が何かのシンボルであることに気がついたと言える。シンボルとはまさに意識レベルの思考の枠組みから生じてくるものではなく、それから解放された無意識から産出されると言っていいだろう。

　MP法終了後に展覧会に提出したHの作品について、指導教員（抽象絵画）に評してもらった。「線の密度で絵を完成させている。アプローチは相当変わった。もう少しこねくり回すことで、絵と対峙するようになったと思う。今は模索中。以前の作品はまとまりがあった。今回の作品の完成度は高くない。今まで守りに入る所があったので突破口を開いた感じ」。Hの場合は今までの自分のスタイルを壊して新たな方法論を模索中ということだと思われる。それが、意識の枠組みにとらわれず、無意識から出てくるシンボルを創造するということなのかもしれない。「こねくり回すことで絵と対峙するようになった」というのは、MP法を通じて、Hが自分の中にある必然的な形に出会い、それを表現しようと苦闘したと言うこともできるし、「完成度は高くない…突破口を開いた感じ」というコメントは、アーティストとしての自覚をもって初めて歩み始めたHの「今」を象徴している言葉とも言えるだろう。

5. 一般青年期男女と比較して

　F、G、Hの事例を第6章のA、B、C、D、第7章のEの青年期男女の事例と比較しながら、考察を行う。まず、青年期男女の場合は、その時に本人

168 第Ⅲ部 「なぐり描き（Mess Painting）」法を用いた研究

が抱えていた自分なりの心理的テーマに、具体的なイメージを通じて取り組んでいった。その結果、何らかの形で心理的成長を遂げた人が多かった。今回の3事例の特徴は自己進化的描画において、具象的イメージが殆ど出てこなかった点である。それは彼らが抽象絵画を制作していたことと関わっているだろう。ただ、Fは、画家志望ではなく研究者志望だったので、青年期男女と同じように、抽象的な自己進化的描画を描きながらも自分なりの心理的課題に取り組んだと言えるだろう。しかし、G、Hは自分なりの心理的課題をテーマにすることはせず、自分の創作にMP法を如何に役立てるかという姿勢で臨んだ。一般青年が抱える心理的課題は、彼らにとっては自分の制作にどう向き合うかということと等価であると言えるかもしれない。同じ美術専攻大学院生でもG、Hのプロセスは異なっており、それは各々が自分の制作にどのように取り組んでいたかに関わっていると考えられる。いずれにせよ、本研究から、MP法は個人の心理的成長だけでなく、美術専攻大学院生がRISEによって自分のイメージを探求していく際にも有効であることが分かった。しかし、彼らが全く自らの心理的課題に取り組まなかったか、というとそうではないと考えられる。彼ら美術専攻大学院生にとっては、創作することがアイデンティティそのものであり、創作を通じて自らのアイデンティティを模索し、確立しようとしているのだと言える。本研究を通じて、MP法は、彼らの美術専攻大学院生としてのアイデンティティの確立の一助となったことが推測される。

6. 美術専攻大学院生3名のロールシャッハ法の前後の変化に関する研究

6-1. 本研究の目的

　上記3名の事例において、MP法が美術専攻大学院生に対して特異的なRISE促進作用を引き起こすことが分かったが、そのことを実証的に検討するために、MP法実施前後でロールシャッハ法を実施した。前後でのロール

シャッハ法の変化という点から、本技法のRISE促進作用を分析・検討することを目的とする。

6-2. 方法

MP法の実施前後にロールシャッハ法をKlopfer法（Klopfer, 1954 ; 1956）に従って実施した。前後2回のロールシャッハ法の結果をまず、Klopfer,B.に従い記号化し、総反応数、W、W%、主決定因、CR、（Ⅷ＋Ⅸ＋Ⅹ）/R、A%、F%、W:M、M/W、M:SumC、SumC/M、平均形態水準をF、G、H、それぞれ比較してみた。なお、2回とも出てこなかった決定因は省略してある。

次に、Holt（1977）に従って、level1反応とコントロール要因を記号化し、Klopfer（1954 ; 1956）に従って、形態水準を算出した。なお、内容面でのlevel1反応は、3名とも0かあってもわずかであったので、特に変化はないと考え、形式面のlevel1反応を記号化することにした。

6-3. 事例F

6-3-1. Fのロールシャッハ法の変化［表8-1］

Fの結果で一番特徴的なのは、色彩の主決定因が3から0に減っている点である。しかし、これは色彩反応がなくなったわけではない。付加決定因としてFCが2つ、CFが4つ記号化されている。その6つの反応にMが入ったため、決定因の優先性からMが主決定因になったということである。1回目と2回目では、Mの数は変化していないが、色彩とMとが複合的に記号化される反応が増えたのだと考えられる。すなわち1つの反応の豊かさが増えたのだと考えることもできるかもしれない。

初回のFのlevel1反応［表8-2］は、AuEl1が3個、Sym-I1が2個の計5個であった。いずれも、Refl+、Cx-C+、Cx-E+などのコントロール要因が働き、形態水準も1.5～3.0と、ある程度高く、RISEがMP法施行以前に生じていることが分かった。これは、美術専攻大学院生が、一般大学生よりも多くのlevel1反応を出すという第3章の研究とも一致している。

170 第Ⅲ部 「なぐり描き（Mess Painting）」法を用いた研究

MP法施行後のlevel1反応［表8-3］は、SymI-1が1個、C-int1が1個、C-ctm1が1個、計3個で、若干減っている。ただ、特徴的なのは、AuEl1がなくなって、C-int1、C-ctm1が出現した点である。C-int1は、2つの反応が同じ場所に見えて、どちらか決められないで「Aでもあるし、Bでもあるように見える」という形で現れる。ここでは、「象徴的なリボンで、この人たちが女性であることを証しているものでもあり、舞台装置であるようにも見える」という反応になっている。反応の独立性が失われるというこの反応は、同じlevel1反応の中でも、より一次過程よりであると考えられる。また、C-ctm1は、同じ場所に「AとBが見えそれが融合した反応」で「ひげが青虫になっている」という反応になっている。これもイメージの独立性が失われた反応である。従って、数の上では少し減ってはいるが、初回より、より深い退行が生じている可能性も考えられる。

しかし、Fの場合は、MP法のRISE促進作用はlevel1反応数の変化という観点からは、はっきりとは裏付けられなかったと言えるだろう。むしろ、MP法は、Fの場合、より深い退行を示すC-ctm1、C-int1を引き起こす一方で、非現実的な自閉的な明細化を減少させ、より現実的にするという2つの方向性があるように思われる。Fが、自分の中にあるグロテスクなものを垣間見たというのは、より深い退行的な体験であり、人間関係が開けてきた、他者を信頼するようになって

[表8-1] Fのロールシャッハ法の一般カテゴリーの比較

	1回目	2回目
	（実施前）	（実施後）
R	14	11
W	13	9
M	6	7
FM	3	2
M+FM+m	10	10
F	1	1
FC	2	0
FC+CF+C	3	0
CR	13	6
（Ⅷ＋Ⅸ＋Ⅹ）/R	0.21	0.36
W%	0.93	0.82
A%	0.29	0.36
F%	0.07	0.09
W:M	13:6	9:7
M/W	0.46	0.78
M:SumC	6:2	7:0
SumC/M	0.33	0
平均F.L.	2.43	2.23

第8章 「なぐり描き（Mess Painting）」法の
3つの事例研究（美術専攻大学院生） 171

［表8-2］ Fの形式面のlevel1反応・第1回目

		自由反応段階	質問段階	
VII図 ①	7"	双子の女の子が、お互いを見ているけれども、あまりいい感情じゃない気がします。所々に顔が見えるような気がして、それが何個も重なっているのでよく見ると変な感じがしますけど、ぱっと見は女の子が2人向き合っている。	顔、鼻、口、手。髪型がアップスタイルというか上にきゅっと結んでいるような。で胴体。所々の顔というのは、ここにも顔が鼻、口、目というので、胴体の後ろ側についているような感じで。ここから上で全身。変な格好をしているような気がします。〈背中に顔がついている？〉外観というより、この女の子それぞれの本質というか心の顔がここに見えているような気が。	W AuEI1, Sym-1→Refl+ F.L.=3.0
IX図 ①	7"	透明感があってすごくきれいな世界で、後ろの青い色のところがお城みたいになっていて、その前をオレンジの物体がガードしているような。上に行くほどきれいに見えます。向こうの方が手前よりもきれいな世界に見えます。向こう側にユートピアのようなすごくきれいな世界が見える。	水色のところがお城に見える。白っぽい所。ユートピアみたいな、現実の世界とはちょっと違ってきれいな世界の気がして、このオレンジの所が門みたいなこっちの世界と向こうの世界を遮断。ここからは向こうの世界だからねっていう。…下はあまりきれいなイメージじゃなくて上からがすごく綺麗に見える。ここが透明感がある。ちょっと隠れているというか、このお城とこの絵の部分は離れているイメージで隠されているというより、ここからはこっちの世界でこっちから向こうは違う世界だよと合図みたいな風に描いてある。	W AuEI1→Cx-E+ F.L.=2.0
X図 ①	7"	賑やかなイメージで、生き物は虫だったり、蟹とか海のものだったりが、混じり合っていて、暴れているような感じなんだけれども、落ち着いている暴れ方というか、子供がただ単に無邪気に遊んでいるような。一番端っこの青いのがこれも拡大というか広がるイメージで、全体として何か発展するようなイメージです。	虫と海の生物が混じり合っているんだけれども、全然違和感がない。一見争っているイメージかなと思いつつ、でも全体的な絵のイメージでそういういがみ合いみたいなのはなくて、みんなが楽しく遊んで1つの絵になっている。〈楽しさ？〉色と形。ふわーっと広がっていくイメージというか発展性のあるイメージに思えました。〈昆布が発展する？〉昆布って言う海藻は、閉ざされたイメージではなくて、どんどん広がっていくっていう、昆布って言うより絵のなかのイメージが広がりが見えてすてきだなーと思いました。	W Sym-I1 AuEI1→Cx-E+ F.L.= 1.5

172　第Ⅲ部　「なぐり描き（Mess Painting）」法を用いた研究

［表8-3］　Fの形式面のlevel1反応・第2回目

		自由反応段階	質問段階	
Ⅲ図 ①	5"	ファイアー。夜の催し物。ヒールはいて、スカートはいた女性がダンスを踊っている。	<u>ここがリボンに見える。象徴的なリボンで、この人たちが女性であることを証しているものでもあり</u>、舞台装置であるようにも見える。	W Syml-1 C-int1→Cx-C+ F.L.=2.5
X図			真ん中に王様がいる。目で、鼻で、ひげで、髪の毛で。変な王様。バカな王様。<u>ひげが青虫になっている。</u>おでこについているマーク。	W C-ctm1 F.L.=1.5

＊実際の反応は、記載しているよりも遥かに長いが、紙面の都合上記号化に関わる部分を中心に抜粋している。以下の表はすべて同じ。
＊＊記号化の根拠は下線部で、コントロール要因の根拠は破線で表してある。

きたという変化は、面接での関係性等によって生じたより現実的、二次過程的なものである。MP法の面接の側面がより現実的な他者との人間関係を構築する方向性に働いたと言えるかもしれない。これは、2回目のロールシャッハ法の一般カテゴリーにおいて、人間運動反応と色彩反応が組み合わされるようになったということとも関係があるかもしれない。

　また、第2回目のロールシャッハ法の時に、最初はポジティブに見えていたX図に対して、正反対の感情を示したのに対して、「色がカラフルで、MP法で色が混ざるのが嫌だと分かった。いろんな色が使われていて、形自体が気持ち悪く見える。前は雑多なところにいた。それに慣れていたからいろんなものが混じっていてもそれが自分の生活。ここに来たら自分の研究を一本通してやっていくもので、こういうぐちゃぐちゃしたものが逆に嫌だと思う。ストレートに自分がしたいことは決まっているし、統一感のないのが嫌なんだと思う。10週間を通じてやりたいことが見えてきた。やっていけるかもと自信が出てきた」とFは語っている。Fは、他の2人と違って画家を目指して大学院に入学したのではなく、研究者になるために入ってきた。MP法でのRISEによって、心の奥にあった漠然とした自分の研究テーマがはっきりして現実的な目標が見えてきた。そのため、非現実的、ファンタスティックな明細化であるAuEl1が減少したのかもしれない。

即ち、MP法は単にRISEを促進するだけでなく、MP法の3つの段階①なぐり描きの段階、②自己進化的描画の段階、③面接の段階のそれぞれが、互いに複雑に影響しあいながら、RISEを引き起こし、その結果、単に退行を引き起こすだけでなく、より進展的な、現実的な方向性に導くという効果があることも分かった。それは第6章のCのケースにおいても見られたことである。

6-4. 事例G

6-4-1. Gのロールシャッハ法の変化［表8-4］

Gの変化の特徴は、Mが2から10へと増大し、色彩の主決定因も2から7へと増大していることである。M

が増えたことに関しては、中西氏と同じことが言えるかもしれない。Mはエネルギーの内向を示すものであり、退行には必然的にエネルギーの内向を伴うことを考え合わせれば、2回目のロールシャッハ法でMが増えたことも納得がいく。色彩決定因が増えたことに関しては、内的刺激だけでなく、外的刺激に対する反応性もよくなったことを表している。Gの特徴的な言葉の1つに「頭で考えずに手が動いていくのがいい。それがすごく明確になってきた。1つの方法論になってきた」という言葉がある。それまでのGは、外的刺激に刺激されてもそれを頭で処理して創作に

[表8-4] Gのロールシャッハ法の一般カテゴリーの変化

	1回目	2回目
	（実施前）	（実施後）
R	17	27
W	17	18
M	2	10
FM	3	2
M+FM+m	5	12
F	7	7
FC	2	5
FC+CF+C	2	7
CR	10	10
(Ⅷ＋Ⅸ＋Ⅹ) /R	0.18	0.48
W%	1	0.67
A%	0.47	0.37
F%	0.41	0.26
W:M	17:2	18:10
M/W	0.12	0.56
M:SumC	2:1	10:4.5
SumC/M	0.5	0.45
平均F.L.	1.94	1.96

174   第Ⅲ部　「なぐり描き（Mess Painting）」法を用いた研究

結び付けようとしていたと考えられる。「頭で考えず」という有り様が、外的刺激に対する反応性をよくさせたと考えることもできる。

　第1回目［表8-5］は、C-co1が3個、Ctr-R1が1個の計4個であった。第2回目［表8-6］は、C-co1が1個、C-int1が1個、Ctr-R1が2個、Ctr-L1が1個、Sym-I1が1個、AuEl1が1個、AuLg1が1個で計8個と1回目と比べて数が倍増し、MP法施行前より、退行しやすくなったことが分かる。また、1回目では、C-co1とCtr-R1の2種だったのに対し、2回目では7種類に増えて

[表8-5]　Gの形式面のlevel1反応・第1回目

		自由反応段階	質問段階	
Ⅲ図⑤	∨	<u>ハエとカエルが合体したような。</u>カエルですけど蝶ネクタイをつけている。	ハエのこの目、この辺がハエの顔です。目の大きいところ。	Wcut C-co1 F.L.=－0.5
Ⅴ図⑤		<u>イルカの顔。4つくっついている。</u>	イルカの口にどうしても見えて。イルカの口って特徴的。これもイルカの口。<u>顔がくっついている。</u><u>この頭とかもイルカの形でイルカのラインが…</u>。	W C-co1 F.L.=－1.0
Ⅵ図①	7"	武器のようなもの。	ここが持つところ。こちら側に斧のような刃物が両面についている。<u>この辺の模様も刃物っぽい。</u>なんか鋭利な金属のような色と形、質感。〈ここが刃物っぽいという感じなんですか？〉<u>ここが刃物っぽいと。</u>〈だけど広がりというか場所はこの辺ですね。〉はい、<u>逆ですけれども。切れるところが</u>。〈逆だけれどもこっちの方が刃物っぽいということですね？〉はい。	W Ctr-R1→Refl+ F.L.=2.0
Ⅹ図③	∨		<u>逆から見ると人型のものが上を向いて、手とか羽みたいなものをカマキリのような手のようなものを広げている感じです。手からカマキリみたいなこうカマキリになってしまったみたいな。</u>	D5 C-co1 F.L.=1.5

＊領域番号はKlopfer & Davidson（1962/1964）による

[表8-6]　Gの形式面のlevel1反応・第2回目

		自由反応段階	質問段階	
I図 ②		4つ目の犬。	目が4つ。耳、口、ほっぺたの形（？）ほっぺたの角度が犬っぽい。角が生えているような犬。耳か角か、角でもあり耳でもあるような。	W C-int1 F.L.=－0.5
II図 ②		肺とか膀胱とか。	肺と膀胱で1セット。なみなみがあばらのようにも見える［肺の下にあばらがあるのは論理的に矛盾］。下の赤いところが腎臓みたいな。体内です。［実際の体内とは異なる］	Wcut Ctr-R1 F.L.=－0.5
IV図 ②		鹿の顔に見える。	目の離れ具合。ほっぺたの形。草を食べている様子。このぎざぎざ感がしゃりしゃりなっているように見える。だから音が聞こえている。	D1+D2+D3 Sym-I1 F.L.=2.5
V図 ③		イルカが4匹くっついている。	くっついていると言うより多視点。いろんな方向から見て多視点。キュビズムのような。いろんな方向から見て絵が完成されている。4匹のイルカではない。多視点で見た1匹のイルカを4つ描いた感じ。	W Ctr-L1→Cx-E F.L.=－1.0
VI図 ①	3"	斧のように見える。	両側に刃がある。刃の切れる部分が内部にある。形とここの波線と濃い色と浅い色の境目が刀とみねの部分の境目の線に見える。色が上が濃くて下が白い。そういう違い。これでは切れないけど。逆。でもイメージさせます。〈刃の部分がこっち？〉刃は実際こっちに見えますけど。刀としてイメージさせる段階の差がたまたまこの内側にあって。〈刃のイメージはこっちにある？〉こっちというよりこの部分にあります。でも、ここにも切れそうな感じがして。この薄い部分が刀の切れる部分に見えるので全体に広がって。	W Ctr-R1→Refl＋、Mod＋ F.L.=1.5
VI図 ④		宇宙人みたいに見える。	白い部分が目で黒い部分が体でべたな宇宙人。下からうぃーんとあがっていったり、下に行くような感じと、この直線につたって降りていくか上がっていくか。光の感じとあと宇宙人の幻影が見える。目が同じように。薄く影が伸びていって。形と目の離れ具合と目の光り方が宇宙人にしか見えなかったですね。直線がUFOの光みたいな感じ。UFOから降りてきたりしている感じ。	W AuEl1 F.L.=1.5
IX図 ①	4"	龍がいます。	下の緑が結構強くて、それの影響で龍と言うと緑なので。それが手伝って上の色もその色に見えるという。オレンジの色も緑に見える。全体として見るということで。緑でもいいかなと。	W AuLg1 F.L.=1.0
X図 ③		葉っぱをつけた妖怪みたいなものがいます。	頭に若葉みたいなものをつけている。若葉が生えてきている感じ。	D1 C-co1 F.L.=－0.5

176 第Ⅲ部 「なぐり描き（Mess Painting）」法を用いた研究

おり、さまざまな領域での退行が生じていることが分かる。形態水準は1回目、2回目ともに平均値は0.5で変化がない。反応がRISEと言えるためには、1.5以上の形態水準が期待されるが、そもそも形式面でのlevel1反応は、現実的、論理的思考から逸脱したものなので、マイナスの評定値、マイナスの明細化になることが多い。しかし、コントロール要因も、1回目で4個中1個、2回目で8個中2個と少なく、自らコントロールしながら退行するようになった、と結論づけるのは難しそうである。

　先行研究でも、才能のある芸術家がそうでない芸術家よりも、一次過程的反応のコントロールが高い場合と、差が出ない場合があり、ロールシャッハ法におけるコントロールと芸術家としての能力の関係には、議論があるところである。

　第6章3-2-4の、芸術家と似たような退行の資質を持ったCのロールシャッハ法の変化を見てみると、同じような変化が見られる。従来の4つの視点から見たCのRISEの変化はポジティブなものだったが、（4）新しい内容のAuEl1では、Gと同じように、形態水準の良くないlevel1の形式の反応を出している。「Cは、中央の放射状に出ている所に回転の動きを強く感じ、脇の形が一瞬鳥に見えたので、その2つを結びつけて『鳥の旋回』と反応した［表6-2参照］。これは、AuEl1というよりAuLg1（自閉的論理）に近い、現実検討力の低下した反応と言えるかもしれない」と記述したが、Gと同じように現実吟味力の低下した反応である。しかし、その現実吟味力の低下した反応も、単なる現実吟味力の崩れと言うより、最後に描いた「鳥の飛行」という深い退行の中で生じたイメージに引きずられる形で現実吟味を十分できないまま生じたと考えられる。従って深い退行の中で生じたイメージに引っ張られた場合には、自我の現実的な吟味力は適度には働かないということなのかもしれない。

　GのMP法による変化の特徴は、①線を引くときに勝手に手が動く、②無意識が描けた、③まだ未発達な創作の脳みその体験、という点であり、その変化を自らコントロールしながらより深く退行するようになった、と説明す

ることにも無理がありそうである。しかし、Gが退行しやすくなり、退行の幅が広がったことは確実である。Gは、MP法の後半に同時に自らの制作を続けており、MP法が終了するのとほぼ同時に展覧会に出品し賞を獲得した。指導教員もMP法施行後の作品は「格段によくなっている」と評している。芸術家は本来、自発的に退行して創作するのであるが、本研究では人為的に退行状態を作り出して、作品を作ってもらうものである。その点で、自我によるコントロールという点で問題が残ったのかもしれない。

　ただ、第4章でも述べたように、河合(1991)は「自我が自我のためにコントロールして退行していく」という考えに疑問を呈しており、自我のコントロールだけによらない、別の力のコントロールによる退行というものも考えることができるかもしれない。Cの場合も、Gの「手が勝手に動いていく」「無意識の世界を描けた」というのも、C、Gが自我を超えたより大きな存在に動かされていることを示していると考えることもできる。芸術家の創作を、自我を超えた普遍的無意識への退行という観点からさらなる検討をする必要があると思われる。その際には、形態水準で表されるような自我の現実吟味力とは違った、芸術家を支える別の力について検討する必要があるのかもしれない。

6-5. 事例H
6-5-1. Hのロールシャッハ法の変化［表8-7］
　Hの結果で一番特徴的なのは、Gと同じく色彩の主決定因が8から4へと半減している点である。これもGと同じく、色彩決定因が減少したわけではなく、付加決定因としてはFCが4つ、CFが3つ記号化されている。いずれも、運動決定因が主決定因になったために付加決定因になったものである。したがって、Hに関しても、Gと同じく、1つの反応に運動決定因と色彩決定因が重なり、反応の豊かさが増えたのだと考えられる。Hは、意識的なコンロトールを捨てた深い退行的な体験、深い無意識レベルにある重要なイメージとの出会い、が重要なテーマであったが、そのような深い退行的な

178 第Ⅲ部 「なぐり描き（Mess Painting）」法を用いた研究

体験、深い無意識レベルのイメージとの出会いというようなプロセスが、反応における決定因の重なり、反応の豊かさをもたらしたと考えられる。

1回目［表8-8］では、level1反応が、C-co1が1個のみだったのに対し、2回目［表8-9］ではC-int1が2個、C-co1が2個、Sym-I1が1個、C-arb1が1個、計6個と増えており、退行しやすくなっていることが分かる。また、種類も増えており退行の幅も広がっている。平均形態水準は、2.7と高く、RISEが生じていると言えるだろう。

Hの事例が、ロールシャッハ法の変化という観点から、一番MP法のRISE促進作用を分かりやすく反映していると考えられる。Hに特徴的なのは、①意識的なコンロトールを捨てた深い退行的な体験、②深い無意識レベルにある重要なイメージとの出会い、③描くと言うことの必然性の体験と制作への向き合い方の変化、の3点だと言えるだろう。このようなMP法のRISE促進的作用は、面接経過と自己進化的描画の変化からだけでなく、ロールシャッハ反応のコントロールの効いたlevel1反応の増大によっても裏付けることができたのは意義あることだと言える。

6-6. まとめ

本研究の目的は、ロールシャッハ法の変化という観点からのMP法のRISE促進作用の分析、検討であったが、結果的には三者三様の結果となり、MP法は、コントロー

［表8-7］ Hのロールシャッハ法の一般カテゴリーの変化

	1回目	2回目
	（実施前）	（実施後）
R	33	35
W	28	24
M	4	7
FM	6	5
M+FM+m	11	15
F	7	11
FC	4	3
FC+CF+C	8	4
CR	15	14
（Ⅷ＋Ⅸ＋Ⅹ）/R	0.24	0.29
W%	0.85	0.69
A%	0.36	0.34
F%	0.21	0.31
W:M	28:4	24:7
M/W	0.14	0.29
M:SumC	4:6	7:2.5
SumC/M	1.50	0.36
平均F.L.	1.59	1.87

第8章 「なぐり描き（Mess Painting）」法の
3つの事例研究（美術専攻大学院生） 179

[表8-8] Hの形式面のlevel1反応・第1回目

		自由反応段階	質問段階	
V図 ②		蛾とコウモリの合いの子 くらいの感じで。	蝶々でもコウモリでもないと思って、でもここに人みたいに見えるなと思って。合いの子みたいやなと思ったら妖精みたいやなと思って。これ耳がついていると思ったので顔と思った。鳥と馬でユニコーン、何かそういうイメージ。〈妖精は人っぽい？〉顔があるので。〈蛾とコウモリの合いの子で、妖精？〉そうですね。	W C-co1→Cx-E F.L.=1.5

[表8-9] Hの形式面のlevel1反応・第2回目

		自由反応段階	質問段階	
II図 ①	10"	2人の人が向かい合って手を合わせている。膝と手を。	ここが膝で下は赤い靴下をはいている。どっちでもいい。もしかして片足はこうなっているのかもしれないし…どっちにも見える感じがする。どっちかに決められない感じがします。かといって両足が見えている風には無理矢理見ようとしていないと見えない。	W C-int1→Refl+ F.L.=4.0
III図 ②		2人の人が向き合っているところ。部分的になんですけれども。	女の人。髪の毛をアップにしている。これが胸。下が体ならスカートっぽい。ふわっとした。仲良く喋っている感じです。真ん中の赤があるから仲良さそうに見える。赤がハートみたいでもあるし、うまく2人をつないでいるような感じがします。〈象徴的なもの？〉そうですね。	Wcut Sym-I1 F.L.=3.5
V図 ①	5"	こうもりか蛾とか蝶々みたいなものか妖精みたいなもの。	妖精みたいな感じが一番強くて、蛾とかコウモリとかに近い妖精。ここに手があるようにも。蛾とかコウモリみたいな羽を持った妖精。〈男女？〉男。おじさん。	W C-co1→Cx-E + F.L.=1.5
VIII図 ①	5"	赤い動物が岩場を上っている感じです。	赤い小さい可愛い熊みたいな。	D1 C-arb1 F.L.=1.0
VIII図 ②		武士みたいな感じです。	白い三角が顔。甲冑を着ている。肩当てが両側。兜の部分が金属っぽい色。西洋のでも東洋のでもないような不思議な感じがしますね。どちらでもあるようなどちらでもないような。	W C-int1 F.L.=3.0
X図 ②		2人の人が向き合って手をつないで顔もすごく近づけているような感じです。	目、口、赤いのが体、青い部分が手。頭から木の枝がはえているみたいな。	D16+D8 C-co1 F.L.=3.0

＊領域番号はKlopfer & Davidson（1962/1964）による

180　第Ⅲ部　「なぐり描き（Mess Painting）」法を用いた研究

ルされたlevel1反応を増大させると単純に言えないことが分かった。

　まず、MP法を自分にとってどのように役立てるか、という点での違いが見られた。Fは、第6章以下の一般青年に見られるような、自分が抱えている心理的テーマに自ずと取り組むことになった。G、Hは、MP法を自分の制作に役立てるために臨んだ。アーティストを目指すG、Hで、level1反応が増え、研究者を目指すFでは数値的にはlevel1反応が増えなかったのは、自らの志向性にあると考えられる。アーティストはできるだけ自分の心の奥深くへ入っていくことが必要なのに対し、研究者は二次過程的な論理的思考、推論、判断が重要とされる。Fには、G、Hほど深い退行をする必要がなかったとも言える。

　また、同じアーティストを目指すG、Hでも違いが見られた。Hのlevel1反応は、その形態水準の高さからも分かるように、ある程度納得のできるlevel1反応である。Gのlevel1反応が、あまりコントロールの効いていない、了解が難しいものが多かったのと対照的である。ただ、指導教員によれば、アーティストとしての才能があるのは、Gということである。

　従来の芸術家を対象とした研究（Dudek &Chamberland-Bouhadana, 1982；Dudek, 1968；Caldwell, 1995など）では、優れた芸術家はより多くのlevel1反応を出すことでは一致しているが、level1反応のコントロールに関しては、一致した結果が出ていない。

　本研究でも、コントロールの効いていないGの方が才能があるとなっている。アーティストや美術専攻大学院生を対象としたMP法の研究では、MP法が①必ずしも、ロールシャッハ法におけるRISEを促進するとは限らないこと、②RISEとは言えないコントロールのそれほど効いていないlevel1反応を促進することがあること、そして、そこに意味がある可能性があることを留意しておく必要があるだろう。そして、コントロールのあまり効いていないlevel1反応を促進することが、創作においてどのような意味を持つかという点について考えていくことが重要であると考えられる。その際に、従来の「自我による自我のための退行」とは違った観点から、形態水準

で表されるような自我の現実吟味力とは違った、芸術家を支える別の力について検討する必要があるだろう。それが、第1章、第5章で述べた「普遍的無意識レベルへの退行」と関わっているのかもしれない。

第IV部

総合考察

第9章

第Ⅱ部・第Ⅲ部の総合考察

1. 第Ⅱ部の総合考察

　第Ⅱ部の全体的な目的は、3つの研究を通じて、今まで明らかにされてこなかった画家のRISEの様相の細かい有り様を検討し、さらに、画家の作品とRISEの有り様との関係性について検討することであったが、その点については当初の目的通りに検討され、新たに明らかになった知見もいくつか見られたと言っていいだろう。

　また、抽象画家、中西氏のRISEを考えていくうえで重要であったのは、「自我のための退行」という概念を超えた退行の概念である。例えば抽象画家のAは、「私自身が直感的に感じる…無意識層のさらにもっと奥にあるもの、それが自然や全ての生き物のまた奥底にあるものと必ず共通している。…私が描きたいのはそういう奥底にある共通共有する部分、またはその関係性である」と述べていた。この言葉はJung（1928b/1995）の言う普遍的無意識と通じるものであり、個人を超えた超越的な何かを求める志向性でもある。

　またBは、「ある時何の為に生きるのか分らなくなり、生きるということを考えるようになった。絵にも宗教的な感覚が入ってきた。…超越的なものを考えるようになった」と語っている。このような、個人を超えた宗教的感覚、超越的感覚を語った抽象画家が数人いたのが抽象画家の特徴であるとも

いえる。さらに第5章の中西氏においても、中西氏がめざすようになったのは、原始的、根源的、宗教的な、個人を超えた超越的な世界である。

Jung（1905/1982）は、「この衝撃的な、深奥からの、感情の動揺こそ、意識の領域をはるかにこえでて、もっとも極端で、深く包み隠された連想を、呼びさます力なのである。この場合意識は、さきに述べたように、意識を制圧し、未知の思いつきで覆い尽してしまう無意識というデーモンに対して、奴隷の役割しか演じていない」と創造的退行について述べている。この意識を制圧する無意識のデーモンと Jung, C. G. が呼んでいるものこそ、上記の3名のアーティストが語っているものではないだろうか。

また、河合（1991）は「自我が自我のためにコントロールして退行していく」という考えに疑問を呈し、創造的退行とは、自我の力だけに頼っているのではないことを示唆している。このような超越的な世界への退行の事例を検討した結果、単なる自我のコントロールによる退行、という視点だけではとらえきれない、Jung, C. G. の言う普遍的無意識への退行、という観点を導入しないと説明できないイメージ産出のプロセスがあることが分かった。単に自我に益するというよりも無意識を含めた人間の存在全体に寄与するような人間存在全体のための退行である。抽象画家の一部の画家、そして、中西氏の退行は、まさに個人的無意識のレベルを超えた、普遍的無意識レベルへの退行というのにふさわしいものであり、今後芸術家の創造的な退行について考える際に、単に RISE という視点だけでなく、Jung, C. G. の分析心理学的な視点からも考察することの重要性が示唆された。

今後は、本研究のように、事例研究的な方法で、ロールシャッハ法、インタビュー、実際の作品との関連性をより厳密に検討し、画家だけではなく、他の芸術家間の RISE の有り様の違い、芸術家の個人内での RISE の有り様と芸術家の創作の心理力動との関連性を探り、芸術家の創作の心理の深層、芸術創造の秘密に迫ることが必要だと考えられる。

2. 第Ⅲ部の総合考察

　第Ⅲ部の問題・目的は、MP法を通して、「自我のための退行」を促進することができるかを、また、そのプロセスが具体的にどのようなものであるかを、一般青年、美術専攻大学院生を対象にして、詳細に検討することであった。第6章から第8章を通じて、目的が十分に明らかにされたと言える。以下、どのような点について明らかになったかを、述べることにする。

2-1. MP法のRISE促進作用について

　第6章から第8章を通じて、MP法がRISE促進作用を持つこと、特に（1）意識化されていなかった感情の体験、（2）自己像との出会い、（3）心の奥にあるエネルギーへの接近、（4）意識レベルの硬直した思考の枠組みが緩むこと、という4つの視点からMP法によるRISE促進作用を説明することができたのが、本研究の一番オリジナルな点であると言える。

　まず（1）についてだが、Jung（1928a）は「退行によって活性化された無意識的内容はまだ未分化な、太古的な、未発達な形であるにせよ失われた感情機能を含んでいる」と述べており、退行によって、無意識レベルにあった感情機能が活性化されるとしている。

　（3）については、河合（1991）は、「心的エネルギーのキャリアーとしてのイメージ（シンボル）の役割が、明らかに認められるのである。この際、新しいイメージが、それまで使用されていなかった新しい心的エネルギーの発掘に通じる」「人間は多くの未開発、未使用のエネルギーを潜在させており、それの開発には、シンボルが大きい役割を荷うのである」と述べ、心的エネルギーの発掘にイメージ（シンボル）の発見が大きく関わっていることを指摘している。MP法の調査協力者は、それぞれの仕方で自らのイメージ（シンボル）を見出し、心的エネルギーを発掘したと言えるだろう。

188　第Ⅳ部　総合考察

2-2. ロールシャッハ法からみたMP法のRISE促進作用について

　MP法の前後にロールシャッハ法を実施したのは、一般大学生のC、美術専攻大学院生のF、G、Hの4人であった。

　4事例を通じて、MP法のRISE促進作用は、コントロールされた一次過程的反応を増大させるというような単純な結果をもたらすのではなく、調査協力者によって異なった結果を示し、複雑な要因が関わっていることが予測された。

　その要因としていくつか考えられるのは、①MP法に取り組む理由の違い、②MP法のRISE促進作用が、退行→進展というプロセスを促進するという点、③MP法のRISE促進作用が、ロールシャッハ法の形態水準に与える影響の相違である。

　まず①MP法に取り組む理由の違い、だが、C、Fは、MP法を通して自分なりの心理的課題に取り組んだと言える。一方で、G、Hは、MP法をいかに創作に役立てるかという姿勢で臨んだと言える。C、Fにおいて、一次過程的反応が増大しなかったのは、より深く退行する必要性がなかったからだとも言えるだろう。一方、アーティストを目指すG、Hの場合、より深い退行をする必要性があったため、一次過程的反応が増大したとも考えられる。

　②MP法のRISE促進作用が、退行→進展というプロセスを促進するという点については、特にアーティストを目指していないC、Fに言えることである。Cの場合は、MP法によって二次過程的な知的なものへの過度な囚われが軽減することによって、自由な心の働きが生じた結果、AuEl1が消滅した。また、MP法によって意識化されていなかった不安が意識化され、それが自我に統合される働きが生じたため、CtrL1が消滅した。Cの場合、心理的葛藤や統合されていない不安感などが元になって生じていたlevel1反応が、退行→進展というプロセスによって、消失したと考えられる。

　一方、Fは、退行→進展のプロセスによって、Fの現実世界の人間関係が変化してきたことで、人の心の裏表を語るAuEl1が消滅し、心の奥にあった漠然とした自分の研究テーマがはっきりして現実的な目標が見えてきた

め、非現実的、ファンタスティックなこちらの世界から遮断されたユートピアを語るAuEl1、未分化な生物が楽しく遊んでいるというAuEl1が消滅したと考えられる。

③MP法のRISE促進作用が、ロールシャッハ法の形態水準に与える影響の相違については、アーティストを目指すG、Hについて言えることである。

Gも、Hもともに一次過程的反応は増大したが、形態水準という面で差があった。Gの一次過程的反応は平均形態水準が0.5と低い数値だった。一方、Hの場合は、高い形態水準を維持した。しかし、才能があると指導教員に言われたのは形態水準の低いGの方であった。アーティストを目指している美術専攻大学院生の場合、MP法が必ずしもRISEとは言えない、コントロールのそれほど効いていないlevel1反応を促進することがあること、そして、そこに意味がある可能性について、第8章で述べたが、第1章、第5章で述べた普遍的無意識レベルへの退行、という概念で考えられるような、形態水準で表されるような自我の現実吟味力とは違った、芸術家を支える別の力の可能性について検討する必要があることが示唆された。第5章の中西氏の場合は、「見えないものに動かされていると感じる。何かプラスαの力が働いて背中を押されている。何かと交信している感覚はつねにある。交信しているものと一体化しているのでしょうかね。…芸術の神様がいるならそうかもしれないし、導いてくれる何かなのかもしれない」と述べているが、ここでいう「見えないもの」「プラスαの力」「神様」と中西氏が述べているものは、自我のコントロール力ではなく、自我を超えたより大きな力だと考えられる。また、Gの「頭で考えずに手が動いていく」「線を引く時に勝手に手が動」くという言葉や、「インスピレーションの訴えるままに手が動く感じ」は、中西氏と同じように自我のコントロールを超えたより大きな何かによって突き動かされていることを語っている。従って、芸術家としての能力は、ロールシャッハ法の形態水準に示されるような自我の現実吟味力とは違った、自我を超えた大きな力に突き動かされているかどうか、に関わっていると考えることもできる。この点については、才能のある芸術家の一次過程的反応の

190 第IV部 総合考察

形態水準に関して、個別的事例的に検討し、形態水準と芸術家としての才能との関係を検討する必要があるだろう。

2-3. 面接からみたMP法のRISE促進作用について
2-3-1. 面接場面の重要性について

第6章から第8章まで、8つの事例を通じてMP法がもたらすRISE促進作用を検討してきたが、MP法で重要な位置を占めている面接の効果についても述べておかなければならない。

MP法で忘れてはならないのは、この面接の段階の重要性であり、面接者の存在の重要性である。面接においては、自己の内的外的変化を報告する他に、自己進化的描画についての話し合いも行った。調査協力者はRISEを通じて今まで意識していなかった要素を意識化することになったわけだが、この面接場面で語ることによって、意識への統合が促進されていったと考えられる。また、面接者の存在によって調査協力者は安心してRISEをすることができるという側面もあったと考えられる。また、調査者は、通常の心理療法におけるのと同じように、調査協力者に対しては支持的に対応し、調査協力者の絵を本人自身と同じように大切に取り扱い、受容していった。そのような支持と受容のプロセスが、調査協力者を次の段階へと展開させていった部分は大きいだろう。

例えば、調査協力者がなかなか受け入れ難い感情やイメージを意識化して表現した時に、面接場面で調査者がそれをどう受け取るかによってプロセスが変わってくると考えられる。Aの場合、第3週目に描画を通じて自分の不健康さを認識したことが、1つの大きなポイントだったが、この時のAの気持ちは調査者によく理解でき、Aもそれにまつわる話をいろいろと語ってくれた。恐らくAは、調査者によって自分が理解されていることを感じて心理的安定感を持ち、意識化したものをうまく統合することができたと考えられる。それによって、Aは次の段階へ進んで行くことができたのだろう。一方、Eの場合は「寂しさ」を繰り返し報告したが、調査の後半に入るまで、調査

者にはそれがEの大きなテーマだということにはっきりと気づかなかった。面接場面で、もう少しその感情に焦点を合わせて話を聴いていったら、Eは否定的な感情を持たずに、なぐり描きに取り組めたかもしれない。

　また、Aは「そういう自分でええんと違うか」「作る場面での自分自身に対する自信」という言葉で、Eは「自分に素直になってきた」という言葉で、自己受容性の増大を報告しているが、これにも面接が大きな役割を果たしていると思われる。例えば、Aは毎回調査者との面接を楽しみにしており、面接について「風呂に入るみたいにほっとする」とも語っていた。Aは、広い意味での（心理療法で言うところの）陽性の転移感情を調査者に対して抱いていたと考えられる。そういう関係性の中で自分のことを語り、自分および自分の作品が受け入れられ、肯定されていると体験したことが、Aの自己受容の在り方に変化をもたらしたと考えられる。また、Eは今まで自分の「寂しい」という感情や自分の「女々しい」部分を誰にも語ることはなかったと思われる。面接場面で自分で認められない感情や受け入れ難い部分を調査者に伝えた時、調査者はそれらのものを抑圧すべきものとして受け取らなかった。男であってもそういう気持ちを持つのは当然という態度で接したことによって、Eは自分のそういう部分を統合しやすくなったと思われる。しかし、Eが心の根底に抱えている「寂しさ」自体をきちんと扱えなかったため、MP法による体験は非常に中途半端なものになってしまったのだと思われる。

　ここでは、A、Eにおける面接の意味を論じたが、他の調査協力者においても同様に面接の重要性を無視することができない。このように一般のセラピーにおけるセラピストの意味と同じような意味が調査者＝面接者にはあったと考えられる。

　また、調査者には調査協力者の退行を支えるという側面があったことも無視できない。松田（2001）は「良好な対人関係と充実した生活」が「『自己感覚や空間感覚の喪失』『時間感覚の喪失』に対しても正の寄与を示している」と述べ「対人関係や生活全般における基本的な十全感があるからこそ、時として現実枠を揺さぶる体験を可能とさせると考えられる。それはSchafer, R.が

192　第Ⅳ部　総合考察

自我のための退行と回復が円滑に起こる6条件の中で『自己の安定感』『対人関係の中での信頼感や相互性の共有』をあげたことを裏付けていると考えられる」としている。つまり、自己の安定感、対人信頼感、相互性の共有が退行を支持し、人が円滑に退行できる条件となっているということである。本研究における調査者の存在は、そのような退行を支持するための「自己の安定感」「対人信頼感」「相互性の共有」を保証するものであったと言える。そのような調査者の存在によって初めて、安心して調査協力者が退行できたのだと思われる（事例Eを除いて）。

2-3-2. セッション中に調査者が立ち会わないことについて

　S.中は、調査者は立ち会うことをしなかったが、その理由としてLuthe, W.は、調査協力者が調査者を気にせず描画に集中するため、としている（Luthe, 1976/1981）。描画S.の前後でも、調査者とのやりとりはなく、描画S.中は、ある意味「ほったらかし」の状態だったということができる。

　S.中に調査者が立ち会う場合は、箱庭療法やコラージュ法、描画法などでクライエントがセラピストの目の前で作品を作ることに似ている。クライエントが制作するのを見守ることによって、クライエントが安心して自分の内的世界を探索し、それを表現することができる。特にMP法の場合は、セラピストの前で退行することになり、RISEがセラピストとの関係性の中で生じ、セラピストとの関係性とのかかわりが深いものとなる。当然、作品もセラピストへのメッセージ性の強いものとなる。S.中に立ち会わない場合は、クライエントがセラピー場面以外の所で描画等の作品を制作し、セラピー場面に作品を持ち込んでくる場合と似ている。MP法の場合は、なぐり描きの退行中にセラピストは向き合わずに、RISEの成果である作品にだけ向き合うことになる。セラピュイティックな視点からするならば、退行していている最中にセラピストが同席し、何らかのコミュニケーションをした方が望ましいと考えられる。その方が、調査協力者は安心してRISEできたであろうし、調査者と調査協力者との関係性も深まったと考えられる。

ただ、物理的に、調査協力者のS.に常に立ち会うことは難しく、S.中の調査者の関与については、今後検討する余地があるだろう。

2-4. 美術専攻大学院生のRISEについて

美術専攻大学院生に、MP法がもたらしたRISE促進作用は、必ずしもロールシャッハ法に反映されるRISEではないことが分かった。才能があると評されたGのロールシャッハ法の結果が、コントロールのあまり効いていないlevel1反応が多かった。しかし、Gは「制作の方法論はMP法とほぼ一緒。なぐり描きから始めて、初めのインスピレーションから描いていく。違うのは、MP法はその時の感情、気分で描く、制作においてはテーマ性とか、外に照らし合わせてからやっている。見られることを意識して」と述べ、描いているときは、どこかで客観的に美的な判断をしながら、コントロールを働かせて制作していることが分かる。これは、第5章で中西氏が「混沌とはいっても、無意識のうちに物作りとしての制御（テクニックとか感覚）が働いているとは思う。制御とは、方法論、美意識、感覚ではないか。ある意味カオス的なことをやろうとしているけれども、物作りとしての制御、方法論が無意識のうちに働いていると思う。混沌とした姿は、むしろ心地よさにつながる。一見無秩序の中に練られた造形美がある」と述べていることとも一致している。

Gは、ロールシャッハ法では、あえてコントロールした反応を出さなかったが、制作においては、コントロールを働かせていることが分かる。Holt,R.は、「創造的退行は適応的自我機能の部分的退行を含んでいる。自我の現実吟味の側面の退行の相対的な容易さによって、新しい布置や新しい全体、新しい答えを見ることができるのである」（Holt, 1970）と書いており、退行の際に現実吟味の側面が退行する可能性を述べており、Gの場合は、ロールシャッハの形態水準で表される現実吟味の側面が退行したと考えることもできる。

しかし、中西氏は、ロールシャッハ法でもコントロールが効いており、制作時の無意識的なコントロールとロールシャッハ法におけるコントロールと

194 第IV部 総合考察

の関係性の複雑さは、今後の興味深い研究テーマと言えるだろう。また、無意識的なコントロールが自我によるものなのか、自我を超えた建設的な無意識の作用 (Jung, C. G.の言葉で言うならば「自己 (Self)」) によるものなのかは、本研究全体を通じて、新しく検討しなければならないことが分かった課題である。

　美術専攻大学院生ではないが、事例Aはカメラマンであり、芸術的活動に従事しているという点では同様である。Aは「理想的ななぐり描きの状態は前からあった気がする。理想的にカメラを向けて、ネガを選べる心的状態と同じ。その状態をなぐり描きで定着する術が分かった気がする」と述べており、制作にMP法が役立つことが分かった。美術専攻大学院生G、Hを含めて、MP法は、芸術家が自分の創作の有り様を深めていくのに有効な手段であることが分かった。

2-5. 人為的な退行と自発的な退行について

　本研究では、RISEしやすいと言われている美術専攻大学院生にもMP法を実施したところに特徴がある。事例検討の結果、美術専攻大学院生にRISEが生じ、その結果さまざまな心理的事象が生じていることが分かったが、本来芸術家は、自発的にRISEを行い、イメージを掴んで作品に定着する。今回の研究では、あくまでも人為的なものであり、本来の芸術家の自発的なRISEと区別する必要があるだろう。自発的にRISEを行う本来の芸術家にとって、MP法は必要ないだろうが、何らかの心理的要因があってRISEを妨げられている場合は、MP法は、自発的RISEの一助となる可能性がある。今後は、RISEが妨げられている芸術家・美術専攻大学院生に縦断的研究を行い、MP法実施後に自発的RISEが容易になされるようになったかどうかを検討する必要があるだろう。

2-6. MP法の臨床実践への適用・貢献および限界について

　また、本法は、1週4S. 6週間あるいは10週間という非常にインテンシブ

なものであり、調査協力者にかなりの心的エネルギーの負担をかけるものである。さらに、普段あまり意識していない欲動、情動に触れさせる為、調査協力者を心理的に動揺させることがある。従って、本法の適応は接近した心的素材に脅かされず、それを統合できる自我の強さ、および、RISEしても戻れるという「自己の安全感」(Schafer, 1958) を持っている人に限られる。そこで本研究では、本法に興味を示した、特に心理臨床的問題を持たない者を調査協力者とした。

　Gill & Brenman (1959) は、「RISEは、弱い自我ではなく強い自我の証である。あるいは退行の深さと長さを自我全体でコントロールしている間に自我が部分的に退行する能力を持っていることの証である」と述べており、この技法に適応するのは、そのようなある程度強い自我を持っている必要がある。本研究におけるMP法は、健常者においては教育分析過程と似ているとも考えられる。MP法には、個々人が、自らの持っている人生の課題に向き合い、それに取り組む過程を促す働きがあると考えられる。また、筆者(伊藤, 1992) が述べているように、本法はそれまで潜在的であった内的資質を開発する働きもあると考えられる。

　MP法の対象は健常者であったが、神経症水準の者にも可能であると考えられる。ただし、そのためには技法上の変更が必要だろう。まず、心理面接は数年に亘る長期のものもあるので、週4S. という設定は非現実的だろう。通常の面接と同じく、週1回をコンスタントにイクステンシブに行う方が望ましいと考えられる。実施法としては、アートセラピー用の部屋を用意し、その1ヵ所にMP法用のキャンバスを置いておく。クライエントがなぐり描きをしている時は、セラピストが見守る。S.自体で約1時間かかるので、10分ほど休憩を挟んだあと、その場で30分ほど面接するというのが一番現実的だと思われる。

　今後はこのような形で、臨床群にも適用し、他のアートセラピーとどのような結果の違いをもたらすかについて検討する必要があるだろう。

結　言

　以上、芸術家、美術専攻大学院生、MP法においてRISEが生じることが示されたが、これらの結果はJung, C. G.の言う「退行は魂という内的世界に適応する必要性を引き出す」(Jung, 1928a) という言葉に包括されていると言ってもいいかもしれない。本書における調査協力者となった芸術家、美術専攻大学院生、一般大学生は、RISEを通じて、それぞれが自らの「魂」に触れたと言うこともできるだろう。

　緒言で、Rilke, R. M.の言葉を引用し、創作をしないことが死を意味するほどに芸術家を創作に駆り立てる力について述べたが、本研究を通じて、芸術家の自我を超えた大きな力が、芸術家を突き動かしている様子が垣間見えたように思う。今後は、この大きな力について、さらに検討し、芸術家だけでなく人間一般の中にあるそのような力についても検討すべく研究を続けていきたいと思う。

引用文献

Allan, J. (1988). *Inscapes of the child's world :Jungian counseling in schools and clinics.* New York: Spring Publications.（本山芳男・鎌倉和子・山田敏久（訳）（1990）．描画から箱庭まで──ユング派による子どもの心理療法　学苑社）

Allison, J. (1967). Adaptive regression and intense religious experiences. *The Journal of Nervous and Mental Disease,* **145**(6), 452-463.

Auld, F., Goldenberg, G. M. & Weiss, J. V. (1968). Measurement of primary-process thinking in dream reports. *Journal of Personality and Social Psychology,* **8**(4), 418-426.

馬場禮子・小此木啓吾（1972）．精神力動論──ロールシャッハ解釈と自我心理学の統合　医学書院

馬場禮子（1979）．心の断面図──芸術家の深層意識　青土社

馬場禮子（1981）．こころの管制──退行のダイナミズム　朝日出版社

馬場禮子（1988）．言葉の深層へ　思潮社

Bachrach, H. (1968). Adaptive regression, empathy and psychotherapy: Theory and research study. *Psychotherapy,* **5**(4), 203-209.

Basu, J. (1993). Applicability of the ego function assessment scale as a guided interview schedule on schizophrenics, neurotics and normals: A preliminary report. *Psychological Studies,* **38**(3), 119-124.

Bellak, L., Hulvich, M. & Gediman, H. (1973). *Ego functions in schizophrenics, neurotics and normals.* New York: John Wiley & Sons.

Bellak, L. (1989). *Ego function assessment(EFA): A manual .* New York: C. P. S.

Bergan, J. R. (1965). Pitch perception, imagery, and regression in the service of the ego. *Journal of Research in Music Education,* **13**(1), 15-32.

Bilsker, D. & Marcia, J. E. (1991). Adaptive regression and ego identity. *Journal of Adolescence,* **14**(1), 75-84.

Blum, H. P. (1994). The conceptual development of regression. *Psychoanalytic Study of the Child,* **49**, 60-76.

Borchard, E. M. L. (1952). The use of projective technique in the analysis of creativity. *Journal of Projective Technique,* **16**, 412-417.

Borofsky, G. L. (1972). Regression and ego functioning in creative normals and psychotics. *Doctoral Dissertation Abstract B,* **32**(12), 7301.

Bush, M. (1969). Psychoanalysis and scientific creativity: With special reference to regression in the service of the ego. *Journal of the American Psychoanalytic Association*, **17**(1), 136-190.

Caldwell, E. (1995). A longitudinal study of self-image and regression in aging architects of varying degrees of creativity. *Dissertation Abstracts International B*, **55**(7), 3007.

Cohen, I. H. (1961). An investigation of the relationship between adaptive regression, dogmatism, and creativity using the Rorschach and Dogmatism score (Doctoral dissertation, MSU, 1960). *Dissertation Abstracts International*, **21**, 3522B-3523B.

Dudek, S. Z. (1968). Regression and creativity: A comparison of the Rorschach records of successful vs. unsuccessful painters and writers. *The Journal of Nervous and Mental Disease*, **147**(6), 535-546.

Dudek, S. Z. (1970). The artist as person. *The Journal of Nervous and Mental Disease*, **150**(3), 232-241.

Dudek, S. Z. (1971). Portrait of the artists as Rorschach reader. *Psychological Today*, **4**, 46-47, 78-84.

Dudek, S. Z. (1975). Regression in the service of the ego in young children. *Journal of Personality Assessment*, **39**(4), 369-376.

Dudek, S. Z. (1975). Creativity in young children-attitude or ability? *Journal of Creative Behavior*, **8**(4), 282-292.

Dudek, S. Z. (1980). Primary process ideation. In Woody, R. H. (Ed.). *Encyclopedia of clinical assessment Vol.1*. Hoboken: Jossey-Bass, pp. 520-539.

Dudek, S. Z. (1984). The architect as person: A Rorschach image. *Journal of Personality Assessment*, **48**(6), 597-605.

Dudek, S. Z. & Chamberland-Bouhadana, G. (1982). Primary process in creative persons. *Journal of Personality Assessment*, **46**(3), 239-247.

Dudek, S. Z. & Hall, W. B. (1978-79). Design philosophy and personal style in architecture. *Journal of Altered States of Consciousness*, **4**(1), 83-92.

Dudek, S. Z. & Hall, W. B. (1984). Some test correlates of high level creativity in architects. *Journal of Personality Assessment*, **48**(4), 351-359.

Dudek, S. Z. & Marchand, P. (1983). Artistic style and personality in creative painters. *Journal of Personality Assessment*, **47**(2), 139-142.

Dudek, S. Z. & Verreault, R. (1989). The creative thinking and ego functioning of children. *Creativity Research Journal*, **2**(1-2), 64-86.

Fishman, D. B. (1973a). Rorschach adaptive regression and change in psychotherapy. *Journal of Personality Assessment*, **37**(3), 218-224.

Fishman, D. B. (1973b). Holt's Rorschach measure of adaptive regression, mathematical artifact and prediction of psychotherapy outcome. *Journal of Personality Assessment*, **37**(4),

328-333.

Fitzgerald, E. T. (1966). Measurement of openness to experience: A study of regression in the service of the ego. *Journal of Personality and Social Psychology*, 4(6), 655-663.

Freud, S. (1900). *Die Traumdeutung*. Leipzig: F. Deuticke.（高橋義孝（訳）（1968）．夢判断．フロイト著作集第2　人文書院）

Freud, S. (1922). *Vorlesungen zur Einführung in die Psychoanalyse*. Leipzig: Internationaler Psychoanalytischer Verlag.（懸田克躬・高橋義孝（訳）（1971）．精神分析入門（正・続）フロイト著作集第1　人文書院）

Frijling-Schreuder, E. C. M. (1966). The adaptive use of regression. *The International Journal of Psycho-Analysis*, 47(2-3), 364-369.

Fromm, E. (1978). Primary and secondary process in waking and in altered states of consciousness. *Journal of Altered States of Consciousness*, 4(2), 115-128.

二見史郎（1980）．抽象芸術の誕生――ゴッホからモンドリアンまで　紀伊國屋書店

Geleerd, E. R. (1964). Adolescence and adaptive regression. *Bulletin of the Menninger Clinic*, 28, 302-308.

Gill, M. A. & Brenman, M. (1959). *Hypnosis and related states: Psychoanalytic studies in regression*. New York: International Universities Press.

Goldberger, L. (1961). Reactions to perceptual isolation and Rorschach manifestations of the primary process. *Journal of Projective Technique*, 25, 287-302.

Goldsmith, L. A. (1979). Adaptive regression, humor and suicide. *Journal of Consulting and Clinical Psychology*, 47(3), 628-630.

Goldstein, N. N. (2001). The essence of effective leadership with adolescent groups: Regression in the service of the ego. *Journal of Child and Adolescent Group Therapy*, 11(1), 13-17.

Gombosi, P. G. (1972). Regression in the service of the ego as a function of identity status. *Dissertation Abstracts International B*, 33(4), 1789.

Gray, J. J. (1969). The effect of productivity on primary process and creativity. *Journal of Projective Techniques & Personality Assessment*, 33(3), 213-218.

Hersch, C. (1962). The cognitive functioning of the creative person: A development analysis. *Journal of Projective Technique*, 26(2), 193-200.

Hilgard, E. R. (1962). Impulsive versus realistic thinking: An examination of the distinction between primary and secondary processes in thought. *Psychological Bulletin*, 59(6), 477-488.

人見豪彦（1989）．新しい「意志の所在」89'　中西學展リーフレット

Holt, R. R. (1956). Gauging primary process and secondary process in Rorschach responses. *Journal of Projective Technique*, 20(1), 14-25.

Holt, R. (1960). Cognitive control and primary process. *Journal of Psychological Researches*, **4**, 105-112.

Holt, R. (1967). The development of the primary process. *Motives and thought*. New York: International Universities Press, pp. 345-383.

Holt, R. (1970). Artistic creativity and Rorschach measures of adaptive regression. In Klopfer, B., Meyer, M. M. & Brawer, F. B. (Eds.). *Development in the Rorschach technique* Ⅲ : *Aspects of personality structure*. New York: Harcourt Brace Jovanovich.

Holt, R. (1977). A method for assessing primary process manifestation and their control in Rorschach responses. In Rickers-Ovsiankina, M. A. (Ed.). *Rorschach psychology 2nd ed*. New York: John Wiley & Sons, pp. 375-420.

Holt, R. (1978). Measuring libidinal and aggressive and their controls by means of the Rorschach test. *Methods in clinical psychology*. Vol. 1. *Projective assessment*. New York: Plenum Press, pp. 249-283.

Holt, R. (2002). Quantitative research on the primary process: Method and findings. *Journal of the American Psychoanalytic Association*, **50**(2), 457-482.

Holt, R. & Havel, J. (1961). A method for assessing primary and secondary process in the Rorschach. In Rickers-Ovsiankina, M. A. (Ed.). *Rorschach psychology*. New York: John Wiley & Sons, pp. 263-315.

堀江桂吾（2007）．ロールシャッハによる一次過程の探求　ロールシャッハ法研究，**11**，41-48.

井上和子（1972）．心的機能の弾力性について　ロールシャッハ研究，**8**, 57-69.

伊藤俊樹（1992）．創造性開発法（Creativity Mobilization Technique）がパーソナリティに及ぼす影響について　日本教育心理学会総会発表論文集，**34**, 188.

伊藤俊樹（1993a）．「自我のための退行」と創造性・適応との関わりについて──「自我のための退行」の測定とその実証的研究　京都大学教育学部紀要，**39**, 303-313.

伊藤俊樹（1993b）．美術専攻大学院生に於ける「自我のための退行」について　心理臨床学研究，**11**(3), 252-265.

伊藤俊樹（1994）．「無念無想のなぐり描き」法の心理的効果について──退行という観点から見た青年期2事例　京都大学学生懇話室紀要，**24**, 51-64.

伊藤俊樹（1995a）．無念無想のなぐり描き法の心理的効果について（2）　日本芸術療法学会第27回総会発表論文集，13.

伊藤俊樹（1995b）．美術専攻大学院生の自我境界の在り方について日本教育心理学会総会発表論文集，**37**, 266.

伊藤俊樹（2001）．「なぐり描き（Mess Painting）」法が個人に及ぼす退行促進作用およびそのプロセスについて　心理臨床学研究，**19**(4), 375-387.

伊藤俊樹（2005a）．「なぐり描き（Mess Painting）」法がパーソナリティに及ぼす心理的変化について　神戸大学発達科学部研究紀要, **12**(2), 231-238.

伊藤俊樹（2005b）．「なぐり描き（Mess Painting）」法が生み出すイメージとその変化について　日本描画テスト・描画療法学会（編）　臨床描画研究**20**　「生きること」と描画　北大路書房　pp.96-109.

伊藤俊樹（2007）．ロールシャッハ・テストから見た「なぐり描き」法の効果について　神戸大学大学院人間発達環境学研究科研究紀要, **1**(1), 1-6.

伊藤俊樹（2010a）．なぐり描き（Mess Painting）法が美術専攻大学院生に及ぼす退行促進作用について　日本心理臨床学会第29回秋期大会発表論文集, 438.

伊藤俊樹（2010b）．なぐり描き（Mess Painting）法が美術専攻大学院生に及ぼす退行促進作用について（2）　第20回日本描画テスト・描画療法学会抄録集, 45.

伊藤俊樹（2012a）．芸術家・中西學氏の作品の変容と心理的変容との関連について──退行という観点からみた20年の間隔をおいた個展・ロールシャッハテストの比較より　日本心理臨床学会第31回大会論文集, 224.

伊藤俊樹（2012b）．なぐり描き（Mess Painting）法が美術専攻大学院生に及ぼす退行促進作用について（3）　日本箱庭療法学会第26回大会発表論文集, 74-75.

伊藤俊樹（2015a）．具象芸術家と抽象芸術家の「自我のための退行」の様相の異同について──ロールシャッハテストを通じて　日本ロールシャッハ学会第19回大会プログラム・抄録集, 33.

伊藤俊樹（2015b）．「なぐり描き（Mess Painting）」法が与えるイメージの変容および退行促進作用について──美術専攻大学院生の事例を通じて　箱庭療法学研究, **28**(2), 55-67.

伊藤俊樹（2018）．ロールシャッハ法の変化からみた「なぐり描き(Mess Painting)」法の「自我のための退行」促進作用について──美術専攻大学院生の事例を通じて　ロールシャッハ法研究, **22**.

Jung, C. G. (1905). Kryptomnesie. *GW1*. Zürich: Rascher.（宇野昌人他（訳）(1982)．潜在記憶　心霊現象の心理と病理　法政大学出版局　pp.125-141）

Jung, C. G. (1916). Die transzendente Funktion. *GW8*. Zürich: Rascher.（松代洋一（訳）(1996)．超越機能　創造する無意識──ユングの文芸論　平凡社　pp. 111-162.）

Jung, C. G. (1917). Über die Psychologie des Unbewussten. *GW7*. Zürich: Rascher.（高橋義孝（訳）(1977)．無意識の心理　人文書院）

Jung, C. G. (1918). Über das Unbewusste. *GW10*. Zürich: Rascher.

Jung, C. G. (1919). Instinkt und Unbewusstes, *GW8*. Zürich: Rascher.

Jung, C. G. (1921). Psychologische Typen. *GW6*. Zürich: Rascher.（林道義（訳）(1987)．タイプ論　みすず書房）

Jung, C. G. (1922). Über die Beziehungen der analytischen Psychology zum dichterischen Kunstwerk. *GW15*. Zürich: Rascher.（松代洋一（訳）(1996)．分析心理学と文芸作品の関係　創造する無意識──ユングの文芸論　平凡社　pp. 7-48.）

Jung, C. G. (1928a). Über die Energetik der Seele. *GW8*. Zürich: Rascher.

Jung, C. G. (1928b). Die Beziehungen zwischen dem Ich und dem Unbewussten. *GW7*. Zürich: Rascher.（松代洋一・渡辺学（訳）(1995)．自我と無意識　第三文明社）

Jung, C. G. (1930). Psychologie und Dichtung. *GW15*. Zürich: Rascher.（松代洋一（訳）(1996)．心理学と文学　創造する無意識──ユングの文芸論　平凡社　pp. 49-95.）

Jung, C. G. (1932). Picasso. *GW15*. Zürich: Rascher. Picasso (translated by) R. F. C. Hull (1966). The spirit in man art , and literature.New Jersey: Princeton University Press, pp.135-141.

Jung, C. G. (1934). Über die Archetypen und das kollektive Unbewußten. *GW9*. Zürich: Rascher.（林道義（訳）(1999)．元型論　増補改訂版　紀伊国屋書店）

Jung, C. G. (1955). Mandala. *GW13*. Zürich: Rascher.

Jung, C. G. (1957). Die Trans zendente Fanktion. *GW8*. Zürich: Rascher.（松代洋一（訳）(1996)．超越機能　創造する無意識──ユングの文芸論　平凡社　pp.111-162.）

Jung,C. G. (1963).*Erinnerungen, Träume, Gedanken*. Türich:Rascher Verlag.（河合隼雄他（訳）(1972)．ユング自伝1．みすず書房）

Jung, C. G. (1964). *Man and his symbols*. London: Aldus Books.（河合隼雄（監訳）(1972)．人間と象徴──無意識の世界　河出書房新社）

Kalsched, D. E. (1972). Adaptive regression and primary process and dream reports. *Dissertation Abstracts International*, **33**, 441B-442B.

片口安史（1982）．作家の診断──ロールシャッハ・テストから創作心理の秘密をさぐる　新曜社

河合隼雄（1969）．臨床場面におけるロールシャッハ法　岩崎学術出版社

河合隼雄（1991）．イメージの心理学　青土社

Klopfer, B. (1954). *Development in the Rorschach technique*: Vol.1. Technique and theory. New York: World Book Company.

Klopfer, B. (1956). *Development in the Rorschach technique:* Vol.2. Fields of application. New York: World Book Company.

Klopfer, B & Davidson, H. H.(1962) *The Rorschach technique : an introductory manual*. New York :Harcourt,Brace & World,Inc.（河合隼雄（訳）(1964) ロールシャッハ・テクニック入門. ダイヤモンド社）

Knafo, D. (2002). Revisiting Ernst Kris's concept of regression in the service of the ego in art. *Psychoanalytic Psychology*, **19**(1), 24-49.

Kris, E. (1952). *Psychoanalytic exploration in art.* New York: International Universities Press. (馬場禮子 (訳) (1976). 芸術の精神分析的研究　岩崎学術出版社)

Kubie, L. S. (1958). *Neurotic distortion of the creative process.* Lawrence, Kansas: University of Kansas Press. (土居健郎 (訳) (1969). 神経症と創造性　みすず書房)

Kubie, L. S. (1980). Primary process integration on the Rorschach and achievement in children. *Journal of Personality Assessment,* **44**(4), 338-344.

Lapkin, B. (1962). The relation of primary process thinking to the recovery of subliminal material. *Journal of Nervous and Mental Disease,* **135**(1), 10-25.

Lawson, R. W. (1993). *Regression in the service of the ego as domain specific: Measures of primary process using dancers, visual artists, and writers.* Doctoral dissertation, The University of North Carolina at Chapel Hill.

Luthe, W. (1976). *Creativity mobilization technique.* New York: Grune & Stratton. (内山喜久雄 (監訳) (1981). 創造性開発法——メス・ペインティングの原理と技法　誠信書房)

Martindale, C. (1972). Anxiety, intelligence, and access to primitive modes of thought in high and low scores on remote associates test. *Perceptual and Motor Skills,* **35**(2), 375-381.

Martindale, C. & Dailey, A. (1996). Creativity, primary process cognition and personality. *Personality and Individual Differences,* **20**(4), 409-414.

松田真理子 (2001). 非日常的体験と自我機能の関係性についての一考察　心理臨床学研究, **19**(2),140-148.

文部省 (編) (1974). 学術用語集　天文学編　日本学術振興会

村山斉 (2010). 宇宙は何でできているのか　幻冬舎

Murray, J. & Russ, S. (1981). Adaptive regression and types of cognitive flexibility. *Journal of Personality Assessment,* **45**(1), 59-65.

Myden, W. (1959). Interpretation and evaluation of certain personality characteristics involved in creative production. *Perceptual and Motor Skill,* **9**(3), 139-158.

中西信男・古市裕一 (1981). 自我機能に関する心理学的研究——自我機能調査票の開発　大阪大学人間科学部紀要, **7**, 189-220.

中塚宏行 (2006). 狂熱の80年代から2006年「水の神話」まで中西學 MY 25WAY ART WORKS展リーフレット

Naumburg, M. (1966). *Dynamically oriented art therapy: Its principles and practice.* New York: Grune & Stratton. (中井久夫 (監訳) (1995). 力動指向的芸術療法　金剛出版)

Neuman, E. (1949). *Ursprungsgeschichte des Bewusstseins.* Zürich: Rascher. (林道義 (訳) (1984). 意識の起源史　上　紀伊国屋書店)

扇田博元・畠山忠 (1978). 潜在的創造性開発の技法　近畿大学教育学部紀要, **10**, 12-16.

小此木啓吾・馬場禮子 (1961). 自我機能の弾力性と適応性——ロールシャッハ・テスト

精神分析研究, **8**(1), 8-19.

小此木啓吾・馬場禮子 (1962). いわゆる芸術家における自我機能の創造性と適応性　精神分析研究, **9**(2), 1-9.

Pine, F. (1959). Thematic drive content and creativity. *Journal of Personality*, **27**, 136-151.

Pine, F. (1960). A manual for rating drive content in the thematic apperception test. *Journal of Projective Technique and Personality Assessment*, **24**, 32-45.

Pine, F. (1962). Creativity and primary process: Sample variations. *Journal of Nervous and Mental Disease*, **134**(6), 506-511.

Pine, F. & Holt, R. (1960). Creativity and primary process: A study of adaptive regression. *Journal of Abnormal and Social Psychology*, **61**, 370-379.

Rapaport, D. (1950). On the psycho-analytic theory of thinking. *The International Journal of Psycho-Analysis*, **31**, 161-170.

Rapaport, D. (1951). *Organization and pathology of thought.* New York: Columbia University Press.

Rapaport, D., Gill, M. & Schafer, R. (1968). *Diagnostic psychological testing, revised edition.* Holt, R. (Ed.). New York: International Universities Press.

Rilke, R. M. (1929). *Briefe an einen Jungen Dichter.* Leipzig: Insel. (佐藤晃一 (訳) (1955). 若き詩人への手紙　ダヴィッド社)

Rivard, E. & Dudek, S. Z. (1977). Primary process thinking in the same children at two developmental levels. *Journal of Personality Assessment*, **41**(2), 120-130.

Rogolsky, M. M. (1967). Artistic creativity: Adaptive regression and independence of judgement in third grade children. *Dissertation Abstracts B*, **27**(12-B), 4556-4557.

Rogolsky, M. M. (1968). Artistic creativity and adaptive regression in third grade children. *Journal of Projective Techniques and Personality Assessment*, **32**(1), 53-62.

Rorschach, H. (1921). *Psychodiagnostik.* Bern: Hans Huber. (片口安史 (訳) (1976). 精神診断学──知覚診断的実験の方法と結果 (偶然図形の判断)　改訂版　金子書房)

Rosegrant, J. (1979). Adaptive regression of two types: Esthetic sensitivity contrasted with hypnotic suggestibility and openness to experience. *Dissertation Abstracts International B*, **40**(1), 462.

Rosegrant, J. (1980). Adaptive regression of two types. *Journal of Personality Assessment*, **44**(6), 592-599.

Rosegrant, J. (1982). Primary process patterning in college students' Inkblot responses. *Journal of Personality Assessment*, **46**(6), 578-581.

Rosegrant, J. (1987). A reconceptualization of adaptive regression. *Journal of Psychoanalytic Psychology*, **4**(2), 115-130.

Russ, S. W. (1980). Primary process integration on the Rorschach and achievement in children. *Journal of Personality Assessment*, **44**(4), 338-344.

Russ, S. W. (1981). Primary process integration on the Rorschach and achievement in children: A follow-up study. *Journal of Personality Assessment*, **45**(5), 473-477.

Russ, S. W. (1982). Sex differences in primary process thinking and flexibility in problem-solving in children. *Journal of Personality Assessment*, **46**(6), 569-577.

Russ, S. W. (1987). Assessment of cognitive affective interaction in children: creativity, fantasy, and play research. *Advance in Personality Assessment*, **6**, 141-155.

Russ, S. W. (1988a). Primary process thinking divergent thinking, and coping in children. *Journal of Personality Assessment*, **52**(3), 539-548.

Russ, S. W. (1988b). The role of primary process thinking in child development. In Lerner, H. D. & Lerner, P. M. (Eds.). *Primitive mental states and the Rorschach*. New York: International Universities Press, pp. 601-618.

Russ, S. W. (1996). Psychoanalytic theory and creativity. In Masling, J. M. & Bornstein, R. F. (Eds.). *Psychoanalytic perspectives on developmental psychology*. Washington, D. C.: American Psychological Association, pp. 69-103.

Russ, S. W. (1999). Play, affect, and creativity: Theory and research. *Affect, creative experience, and psychological adjustment*. London: Bruner/Mazel, pp.57-75.

Russ, S. W. & Grossman-McKee, A. (1990). Affective expression in Children's fantasy play primary process, thinking on the Rorschach, and divergent thinking. *Journal of Personality Assessment*, **54**(3&4), 756-771.

Schachter, E. (1966). *Experimental foundation of Rorschach's test*. New York: Basic Books. (空井健三・上芝功 (訳) (1975). ロールシャッハ・テストの体験的基礎 みすず書房)

Schachter, E., Schmeidler, G. R. & Staal, M. (1965). Dream reports and creative tendencies in students of the arts, sciences, and engineering. *Journal of Consulting Psychology*, **29**(5), 415-421.

Schafer, R. (1954). *Psychoanalytic interpretation in Rorschach testing: Theory and application*. New York: Grune & Stratton.

Schafer, R. (1958). Regression in the service of the ego: The relevance of a psychoanalytic concept for personality assessment. In Lindzey, S. G. (Ed.). *Assessment of human motive*. New York: Rinehart.

Silverman, L. H. (1965). Regression in the service of the ego: A case study. *Journal of Projective Technique and Personality Assessment*, **29**, 232-244.

篠原資明 (1984). 関西 (ART'84 (10月1日〜31日)) 美術手帖, **520**, 200-201.

Wagner, S. C. (1972). The relationship of "openness to experience" to the expression of primary process thought. *Dissertation Abstracts International*, **32**, 4269B.

Wild, C. (1965). Creativity and adaptive regression. *Journal of Personality and Social Psychology*, **2**(2), 161-169.

Winnicott, D. W. (1971). *Therapeutic consultations in child psychiatry*. New York: Basic Books. (橋本雅雄・大矢泰士 (監訳) (2011). 子どもの治療相談面接　新版　岩崎学術出版社)

山中康裕・伊藤俊樹 (1993). 芸術療法　氏原寛・東山紘久 (編) カウンセリングの理論と技法——カウンセリングを学ぶ人に、もっとも便利なハンドブック　ミネルヴァ書房 pp. 141-151.

吉村聡 (1998). 一次過程的思考、適応的退行と精神衛生 (特集 臨床健康心理学)　早稲田心理学年報，**30**(2), 117-123.

吉村聡 (1999a). ロールシャッハ・テストによる防衛機制の測定——Holt (1977) による一次過程的思考の紹介　早稲田大学心理学年報，**31**(2), 61-67.

吉村聡 (1999b). 一次過程的思考と適応的退行——ロールシャッハ・テストを中心として　早稲田大学大学院文学研究科紀要，**44**(1), 19-27.

吉村聡 (1999c). 資料ロールシャッハ・テストにおける一次過程的思考と適応的退行　ロールシャッハ法研究，**3**, 51-61.

吉村聡 (2000). 一次過程的思考と創造性——ロールシャッハ・テストと言語連想課題における連想の独創性に関する一考察　ロールシャッハ法研究，**4**, 1-10.

吉村聡 (2001). 芸術活動とロールシャッハ反応　日本ロールシャッハ学会総会発表論文集，**5**, 90-91.

吉村聡 (2002). ロールシャッハ・テストにおける一次過程的思考と感情　心理臨床学研究，**19**(6), 598-607.

吉村聡 (2004). ロールシャッハ・テストにおける適応的退行と創造性　風間書房

吉田敦彦 (1999). 水の神話　青土社

人名索引

[アルファベット順]

馬場禮子　12-13, 23-25, 32, 67, 75, 115, 120, 126, 134

Bellak, L.　10-11, 14, 28

Dudek, S. Z.　20, 23-26, 55, 180

Freud, S.　7-8, 11, 14, 16

Holt, R.　16-17, 19-23, 25, 37, 40, 57-58, 62, 76, 87, 120, 169, 193

Jung, C. G.　3, 12-14, 32, 65, 68-69, 80, 93-95, 97, 103, 127, 132-135, 164-165, 167, 185-187, 194, 196

Kandinsky, W.　56, 83-84

片口安史　24

河合隼雄　96, 134, 177, 186-187

Kris, E.　3, 7-9, 11-12, 14, 28, 31, 94, 125

Kubie, L. S.　11-12, 135

Luthe, W.　4, 28-29, 33, 154, 159, 192

Mondrian, P.　56

中西學　75-78, 80-83, 86-97, 173, 185-186, 189, 193

Schachter, E.　12, 26

Schafer, R.　9-12, 15-16, 28, 52, 94, 191, 195

事項索引

[ア行]

R群　57, 60, 62-63, 67, 69-70, 72

アンビバレント　132-133, 144

意識

　——化　30, 103, 107-108, 116, 122, 124-125, 132-133, 135, 137, 141-145, 152-153, 159, 164-165, 187-188, 190

　——レベル　12, 15, 111-112, 128, 132, 134-135, 143, 155, 159-160, 166-167, 187

一次過程　7-9, 11, 15-17, 19-21, 23, 25-26, 37, 44, 46, 52-53, 76, 91, 120, 170

イメージ　13-14, 17, 19, 24, 29-31, 41, 45, 47-48, 50, 52, 55-56, 61, 64-65, 67-74, 76, 78-81, 84-93, 95-96, 102, 104-108, 111-115, 117-118, 121-124, 127-134, 138-143, 146-149, 151, 153-155, 157, 160-161, 163-168, 170-171, 175-179, 186-187, 190, 194

　——の圧縮　46

ウロボロス　80, 95-97

A・S群　37-46, 48-53

A群　57, 60, 62-65, 67, 69-70, 72

Ag1　42

AuEl1　18, 42, 60, 63-67, 70-71, 84-85, 89-90, 93, 120-124, 169-172, 174-176, 188-189

S-R1　18, 42, 60, 68, 84-85, 92-93

Sym1　17, 42, 46, 60, 69, 72-73, 120

エネルギー　13, 24, 26, 46, 55, 77-78, 81, 83, 101-106, 108, 116-119, 121, 124-128, 131-135, 137, 139-140, 142, 152, 154, 159, 166, 173, 187

MP法　28-34, 101, 108-110, 116-117, 120, 122, 125, 128, 130, 132, 134-136, 143-146, 151, 154-170, 172-174, 176-178, 180, 187-196

L1　42

L1E-V　42, 45, 52-53

L1S　40, 42, 45, 51-53, 64

L1M　45, 51

[カ行]

カオス　61, 66-67, 81-82, 94-96, 193

感情　17, 20, 49, 105-106, 108, 110, 113, 123, 125-126, 128-129, 132-135, 139, 141-144, 148-149, 152-153, 157, 159-160, 164, 171-172, 186-187, 190-191, 193

具象画家　27, 54, 56-59, 62, 68-69, 74

Klopfer法　22, 38, 57, 62, 169

形式面　16-17, 20, 40-46, 51, 53-54, 58, 60, 62-63, 74, 84, 169, 171-172, 174-176, 179

芸術家　3-4, 7-8, 10, 13-15, 22-28, 34, 37, 51, 55-56, 60, 62-63, 67-68, 74-75, 87, 89, 95, 97-98, 120, 160, 176-177, 180-181, 186, 189-190, 194, 196

形態水準　21-23, 25-26, 37, 40-41, 44, 46, 48, 51-52, 62-63, 68, 71, 93, 169, 176-177, 180, 188-190, 193

現実検討　9, 124

原風景　79-82, 91, 95

攻撃的衝動　45, 51

コロナからの雨　76-77, 80, 94

根源　13, 65, 67, 80, 89

コントロール　9-10, 16, 19-20, 22, 26, 32, 37, 40-41, 43-44, 46, 48, 51-53, 55, 62-63, 67-68, 87-88, 93-96, 106, 110, 124, 141, 155, 159-160, 176-178, 180,

186, 188-189, 193-195

混沌　61, 67, 80-81, 95, 109, 118, 193

[サ行]

G・S群　37-39, 41-46, 51, 53

C-int1　17, 42, 47, 70, 84-88, 90, 92, 170, 172, 174-175, 178-179

C-arb1　17, 42, 85, 87, 92, 178-179

C-co1　17, 40-42, 45, 60, 69-70, 84-86, 88, 90, 174-175, 178-179

C-ctm1　17, 42, 46-47, 70-71, 85, 90, 170, 172

C1　17, 42, 46, 48, 60, 69-70

思考の枠組み　128, 132, 134-135, 143, 155, 159-160, 166-167, 187

自己
　　──受容的　106, 109, 138
　　──進化的描画　29-32, 102-103, 105-106, 109-118, 125, 128-131, 134, 136-143, 147-151, 153, 156-158, 161-164, 168, 173, 178, 190
　　──像　114, 117, 126, 129, 132-133, 135, 142, 153-154, 159, 165, 187

自分との関連づけ　46

自由ななぐり描き　29-32, 110, 135, 138-139, 141

心的エネルギー　23, 25, 96, 121, 127, 133-134, 142-143, 155, 159, 166, 187, 195

進展　3, 13-14, 34, 107-109, 125, 188

シンボル　13-14, 49, 93, 133, 167, 187

推敲の段階　9, 32

スタイル　24, 27, 54-56, 62, 78, 82, 102, 167

性的衝動　23, 41, 45-46, 51-53, 85

創作　3, 10, 15, 34, 46-47, 51-52, 56-57, 61, 65-67, 69, 71-74, 80, 87, 89, 91-93,

107, 113, 116-117, 128-129, 151, 158-160, 163-164, 168, 173, 176-177, 180, 186, 188, 194, 196
　　──心理　75

創造性　8, 11-12, 23, 25-26, 28, 67, 135

[タ行]

退行　3, 8-16, 20-22, 24-27, 32-33, 40-41, 44-46, 48, 50-54, 57-58, 67, 69, 72, 74-75, 83, 85, 88-89, 91-97, 101-103, 105, 107-112, 114-118, 120, 124-128, 132-134, 137-138, 140-144, 153, 159-160, 170, 173-174, 176-178, 180, 185-189, 191-196
　　自我のための──　3-4, 7, 10, 14-15, 22, 24, 27-28, 31, 34, 37, 55, 75, 83, 97, 108, 180, 185, 187, 192
　　創造的──　3, 9, 12, 14, 96, 186, 193
　　適応的──　10, 21, 28, 34

抽象画家　27, 54-59, 61-62, 65-71, 73-74, 87, 89, 185-186

独特な象徴化　46

[ナ行]

内容面　16, 40-46, 51, 53, 58, 60, 62, 169

なぐり描き（Mess Painting）　4, 28-33, 101-103, 105-107, 109-110, 115, 124-125, 127, 135-138, 141, 143-150, 152-154, 157, 160, 162-163, 173, 191-195

二次過程　7-8, 11, 16, 20, 23, 85, 87, 91, 94, 115, 120, 124, 128, 172, 180, 188

能動的想像　32, 165

[ハ行]

美術専攻大学院生　4, 22-23, 27, 34, 37-38, 52, 54, 62-63, 74, 87, 120, 133,

146, 168-180, 187-189, 193-194, 196

美大生　　22, 24-26, 37

防衛　　10, 16, 19-21, 24, 31, 37, 40-41, 43-44, 46, 48, 51-53, 55, 87, 122, 144

［マ行］

マーブリング　　61, 66, 79, 80, 93

無意識　　8, 11-15, 32, 93, 95, 97, 102-103, 105, 110-112, 125, 132-133, 155, 159-161, 164-165, 167, 176-177, 186, 193-194

　普遍的——　　14, 65, 80, 95-97, 177, 185-186

面接　　10, 30-31, 109, 111, 114, 116, 125, 128-130, 136-139, 147-154, 156-158, 161-163, 165-166, 172, 190-191, 195

　——者　　190-191

　——の段階　　31, 173, 190

［ラ行］

RISE　　7-12, 14-16, 20-22, 25-26, 31-34, 37, 48, 52, 54-57, 60, 62-63, 71, 74-76, 83, 85, 94-95, 98, 101, 103, 105, 107-109, 111-115, 126, 128-129, 131-132, 141, 146, 153-155, 159-160, 164-166, 168-169, 172-173, 176, 178, 180, 185-186, 189-190, 192-196

regression in the service of the ego　　3, 7, 10

霊感的な段階　　9, 11, 31

level2　　16, 19, 20, 46

level1　　16, 19, 20-21, 26, 38, 40-47, 49, 51-53, 58, 60, 62-64, 67, 69, 71, 74, 82-84, 119-125, 169-172, 174-176, 178-180, 188-189, 193

ロールシャッハ法　　4, 15-16, 22-25, 27, 33-34, 37-39, 55-59, 66-67, 69, 72, 74-

76, 82-85, 87-88, 94, 97, 109, 114, 119-120, 124-127, 168-170, 172-173, 176-178, 180, 186, 188-189, 193

［ワ行］

鷲は舞い降りた　　76-78

初出一覧

第1章　問題 I

▶伊藤俊樹（1993）「自我のための退行」と創造性・適応との関わりについて　京都大学教育学部紀要, 39, 303-313.

第3章　美術専攻大学院生の「自我のための退行」について

▶伊藤俊樹（1993）美術専攻大学院生に於ける「自我のための退行」について　心理臨床学研究, 第11巻3号, 252-265.

第6章　「なぐり描き（Mess Painting）」法の5つの事例研究（A、B、C、D、E）

▶伊藤俊樹（1994）「無念無想のなぐり描き」法の心理的効果について──退行という観点から見た青年期2事例　京都大学学生懇話室紀要, 第24号, 54-64.

▶伊藤俊樹（2001）「なぐり描き（Mess Painting）法」が個人に及ぼす退行促進作用及びそのプロセスについて　心理臨床学研究, 第19巻4号, 375-387.

▶伊藤俊樹（2005）「なぐり描き（Mess Painting）」法が生み出すイメージとその変化について　臨床描画研究, 第20巻, 北大路書房, 96-109.

第8章　「なぐり描き（Mess Painting）」法が及ぼすイメージの変容および退行促進作用について──美術専攻大学院生の事例を通じて

▶伊藤俊樹（2015）「なぐり描き（Mess Painting）」法が与えるイメージの変容および退行促進作用について──美術専攻大学院生の事例を通じて　箱庭療法学研究, 第28巻2号, 55-67.

▶伊藤俊樹（2018）「ロールシャッハ法の変化からみた『なぐり描き（Mess Painting）』法の「自我のための退行」促進作用について──美術専攻大学院生の事例を通じて　ロールシャッハ法研究, 第22巻.

謝　辞

　本書は、2017年度に京都大学に提出した博士学位論文を基にして書き上げたものです。本書の出版にあたっては、一般社団法人日本箱庭療法学会2018年度木村晴子記念基金による学術論文出版助成を受けました。出版助成をして頂いた日本箱庭療法学会に感謝申し上げます。

　博士論文の作成時に、辛抱強く見守ってくださった主査の皆藤章先生に心より感謝申し上げます。そもそもこの論文は、5年前、日本描画療法・描画テスト学会で先生と同じ時間にワークショップの講師をするというシンクロニシティなしに生まれることはありませんでした。先生との運命的な出会いに感謝すると同時にこのコンステレーションを用意してくれた大いなるものに感謝したいと思います。

　そして、突然のお願いにも関わらず副査を引き受けてくださいました岡野憲一郎先生。本当に有り難うございました。6年前初めて解離性同一性障害のクライエントに出会った時、先生のご著書が大きな指針となりました。あわせてお礼申し上げます。

　同じく副査を勤めて頂きました高橋靖恵先生。心より感謝申し上げます。先生との出会いもまた、コンステレートされていたのだと深く感じております。論文の隅々まで読んでくださり、的確なコメントを沢山してくださったこと本当に感謝しております。

　そして、本研究に調査協力者としてご協力いただきました多くの方々に、心から感謝の気持ちを伝えたいと思います。特に、1章を割いて研究させて頂きました中西學氏に心よりお礼を申し上げます。10回近くにわたるインタビューを快く引き受けてくださいました。インタビューを通じて、本当に

いろいろなことを学ばせていただきました。本当に有り難うございました。

　また、臨床的なものの見方を教えて下さった本当に数多くのクライエントの皆さん、本書は皆さんとの出会いなしでは、存在することはできませんでした。本当に有り難うございました。

　また、Holt(1977)のシステムの翻訳の掲載を快諾してくださった吉村聡先生にも心より感謝申し上げます。この領域での数少ない日本の研究者である先生の存在は、私にとって大きな支えでもありました。

　そして、長期間に亘って教育分析をしていただいた石野泉先生にも心より感謝申し上げます。先生との分析の中で、私の中に眠っていた研究への意欲に火がつき、それが本書の出発点になりました。

　そして、神戸大学の先生方。特にお世話になりました播磨俊子先生と岸本吉弘先生。播磨先生には、2000年に神戸大学に同時着任して以来、先生がご退職された後も、さまざまな面で支えていただきました。本当に有り難うございました。そして、岸本吉弘先生。先生ご自身が調査協力者になっていただいただけではなく、多くの芸術家の方々を紹介してくださいました。先生のご協力がなければ、本書は完成しませんでした。本当に有り難うございました。
　神戸大学の臨床心理学コース、心理発達論コースの先生方。私が本書を出版することができたのも、先生方が支えてくださったおかげです。本当に有り難うございました。

　そして、伊藤ゼミのゼミ生の皆さん、私のヴァイジーの皆さん、臨床心理学コースの皆さん、心理発達論コースの皆さん、本当に有り難うございました。

石井瑞季さん。石井さんには、本書の執筆の最初のきっかけを与えてもらいました。本当に有り難うございました。吉田瑛里さん、越後江里加さん、2人のサポートがなければ本書の完成はもっと遅くなっていたはずです。忙しい中、いろいろ手伝ってくれて本当に有り難うございました。そして、田中祐香さん。本当に素晴らしい働きをしてくれました。半ば、私の秘書のような形で、私自身ではできないこと、気がつかなかったことを進んでやってくれました。田中さんの助けがなければ、本書は完成を見なかったかもしれません。本当に有り難うございました。

　そして、私の娘、光海。君がいてくれたことで、私は何とかここまで生きてくることができました。感謝という言葉では言い表せない、本当に根本的な生きる支えでもあり、一筋の光でもありました。

　そして、私の妻、園子。こんな私を今日まで見捨てず、心の奥底で支えてくれたからこそ、私は死なずにすみました。有り難う。

　この論文は私の人生の午後の第一歩であり、まだまだ次の二歩、三歩と歩き続けていかなければいけません。どうか、皆さんがこれからの私の歩みを見守ってくださることを願いつつ、謝辞を締めくくらせていただきたいと思います。

　本当に有り難うございました。

2018年9月

伊藤俊樹

著　者──**伊藤俊樹**（いとう・としき）

1963年3月20日生。京都大学大学院教育学研究科臨床教育学専攻博士後期課程単位取得満期退学。教育学博士（京都大学）、臨床心理士。神戸大学大学院人間発達環境学研究科准教授。専門は臨床心理学。

著書に、山中康裕（編）『知の教科書　ユング』（講談社　2001年　分担執筆）、Ｅ．クリストファー・Ｈ．Ｍ．ソロモン（編）氏原寛・織田尚生（監訳）『ユングの世界──現代の視点から』（培風館　2003年　共訳）、播磨俊子他（編）『カウンセリングを学ぶ人のために』（世界思想社　2003年　分担執筆）、伊藤良子・大山泰宏・角野善宏（編）『京大心理臨床シリーズ9　心理臨床関係における身体』（創元社　2009年　分担執筆）、「『なぐり描き（Mess Painting）』法が与えるイメージの変容および退行促進作用について──美術専攻大学院生の事例を通じて」（箱庭療法学研究, 28 (2), 2015年）がある。

箱庭療法学モノグラフ
第8巻

臨床心理学で読み解く芸術家の創作
ロールシャッハ法と
「なぐり描き（Mess Painting）」法を通して

2018年10月20日　第1版第1刷発行

著　者───伊藤俊樹
発行者───矢部敬一
発行所───株式会社 創元社

〈本　　社〉
〒541-0047　大阪市中央区淡路町4-3-6
TEL.06-6231-9010（代）　FAX.06-6233-3111（代）
〈東京支店〉
〒101-0051　東京都千代田区神田神保町1-2　田辺ビル
TEL.03-6811-0662
http://www.sogensha.co.jp/

印刷所───株式会社 太洋社

©2018, Printed in Japan
ISBN978-4-422-11478-1 C3311

〈検印廃止〉
落丁・乱丁のときはお取り替えいたします。

装丁・本文デザイン　長井究衡

JCOPY〈出版者著作権管理機構 委託出版物〉
本書の無断複写は著作権法上での例外を除き禁じられています。複写される場合は、そのつど事前に、出版者著作権管理機構（電話 03-3513-6969、FAX 03-3513-6979、e-mail: info@jcopy.or.jp）の許諾を得てください。